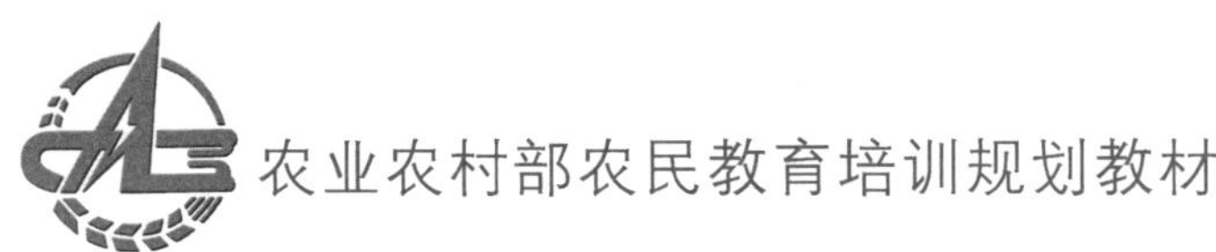

农业农村部农民教育培训规划教材

乡村振兴政策与实践

中央农业广播电视学校　组编

中国农业出版社
北　京

编审人员名单

主　　编　韩一军　赵　霞

副 主 编　廖媛红　孟　婷　孙慧波

参　　编　代瑞熙　纪承名

审　　稿　朱启酒　崔　坤

指导教师　李　瑶

■ 编写说明

实施乡村振兴战略，是以习近平同志为核心的党中央从党和国家事业全局出发、着眼于实现“两个一百年”奋斗目标、顺应亿万农民对美好生活的期待，作出的重大决策部署，是决胜全面建成小康社会、全面建设社会主义现代化国家的重大历史任务。要实现乡村振兴产业兴旺、生态宜居、乡风文明、治理有效、生活富裕的总要求，迫切需要大力开展农民教育培训，大幅提升农民综合素质，大幅提升农民生产技能和经营管理水平，以适应农业农村现代化要求。实践证明，教育培训是实施乡村人才振兴的关键环节和基础工作，是培养高素质现代农业生产经营者队伍、促进农民增收的有效途径。为做好农民教育培训，保证质量效果，农业农村部对农民教育培训教材进行了整体规划，并委托中央农业广播电视学校组织编写了本套规划教材，供相关机构开展农民教育培训使用。

本套教材定位服务教育培训，强调理实结合、产教融合，突出实践性、针对性和有效性，在选题上立足现代农业发展和乡村全面振兴，选择农民教育培训所需的职业素养、政策法规、农业创业、经营管理、现代农业等通用知识和产业专业技能进行开发；在内容上针对不同类型农民特点和需求，突出从种到收、从生产决策到产品营销全过程所需掌握的农业生产技术和经营管理理念；在体例上打破传统学科知识体系，以农业生产过程为导向构建编写体系，围绕生产过程和生产环节进行编写，实现教学过程与生产过程对接；在形式上按模块进行编排，双色印刷，图文并茂，通俗易懂，有利于激发农民的学习兴趣。

《乡村振兴政策与实践》是本套农民教育培训规划教材的分册。本教材采用模块化编写，包括乡村振兴战略概述、产业兴旺、生态宜居、乡风文明、治理有效、生活富裕、实施乡村振兴战略的保障措施等内容。每个模块安排有学习目标、学习重点、学习任务、案例和模块小结等，具有较强的可读性。本教材由中国农业大学韩一军、赵霞任主编，由北京农业职业学院朱启酒、崔坤审稿，中央农业广播电视学校李瑶担任指导教师，负责编写组织工作，并按照农民教育培训要求对教材进行审定。

本教材难免有疏漏之处，敬请广大读者批评指正。

中央农业广播电视学校

2020年7月

目 录

模块一
乡村振兴战略概述

学习目标

民族要复兴，乡村必振兴。实施乡村振兴战略，是关系到全面建成社会主义现代化国家的全局性、历史性任务，是新时代“三农”工作的总抓手，直接关系到亿万农民的福祉。通过对本模块的学习，了解乡村振兴的实施背景、重要意义、总体安排、主要内容及相关政策，促进学员对乡村振兴战略形成整体认识和全面把握。

学习重点

本模块的学习重点是乡村振兴战略的实施背景、总体安排和具体内容，将通过案例的学习来加深认识与理解。

学习任务一　为什么要提出乡村振兴战略

一、乡村振兴战略的实施背景

改革开放以来，我国依靠农村劳动力、土地、资金等要素，快速推进工业化、城镇化，城镇面貌发生了翻天覆地的变化。同时也要看到，我国农业农村的发展，还跟不上工业化、城镇化快速推进的步伐，“一条腿长、一条腿短”问题比较突出。当前农业基础还比较薄弱，农村经济社会建设、乡村治理和农民素质等方面还存在不少突出问题。主要表现在：一些村庄建设没规划、没秩序、没特色，有新房没新村，有新村没新貌；农村年轻人不多，村庄空心化、农户空巢化、农民老龄化不断加剧；农村优秀道德规范、公序良俗失效，陈规陋习盛行，乡土社会的血缘性和地缘性减弱，农民组织化程度低、集体意识弱；部分农村基层党组织软弱涣散，村干部队伍青黄不接、后继乏人。总体看，农业是“四化同步”短腿，农村是全面建成社会主义现代化国家的短板的状况亟待改变。中国要强，农业必须强；中国要美，农村必须美；中国要富，农民必须富。实施乡村振兴战略，就是要协调推进农村经济、政治、文化、社会、生态等多方面建设，促进乡村全面发展，让广大农民过上和城里人一样的生活。

党中央高度重视农业农村发展，坚持把解决好“三农”问题作为全党工作重中之重。进入 21 世纪以来，连续 18 年的中央 1 号文件聚焦“三农”问题，发布一系列重大举措，明确了新时代“三农”工作的战略定位，充分彰显了党中央对做好“三农”工作、推进农业农村现代化的强大决心，对我国农业农村发展产生了长远而深刻的影响。其中，2018 年中央 1 号文件以乡村振兴为关键词，发布《中共中央　国务院关于实施乡村振兴战略的意见》，明确实施乡村振兴战略，是决胜全面建成小康社会、全面建设社会主义现代化国家的重大历史任务，是新时代“三农”工作的总抓手。

2017 年 10 月，中国共产党第十九次全国代表大会上明确提出，农业农村农民问题是关系国计民生的根本性问题，必须始终把解决好“三农”问题作为全党工作的重中之重，大力实施乡村振兴战略。2017 年 12 月召开的中央农村工作会议，对实施乡村振兴战略作出了总体部署，要求立足国情农情，举全党全国全社会之力，推动农业全面升级、农村全面进步、农民全面发展，谱写新时代乡村全面振兴新篇章。2018 年 9 月，中共中央、国务院印发了《乡村振兴战略规划（2018—2022 年）》，明确了各地区各部门实施乡村振兴战略的重点任务和具体要求。2020 年 6 月，十三届全国人大常委会向公众征求《中华人民共和国乡村振兴促进法（草案）》的意见，该法案为实施乡村振兴战略提供了法制保障。2020 年 10 月，党的十九届五中全会又进一步提出，“民族要复兴，乡村必振兴”，把“三农”问题提到了新的高度。

二、乡村振兴战略的实施意义

乡村振兴战略作为新时代“三农”工作的总抓手，是解决我国发展新阶段的社会主要矛盾、实现“两个一百年”奋斗目标和中华民族伟大复兴中国梦的必然要求，具有重大现实意义和深远历史意义。

（一）表达了国家重视乡村发展的决心

中华人民共和国成立之后，为了加快工业体系建设，主要采取城乡二元体制、农村支持城市的发展策略，农村发展在相当一段时期内比较滞后。1978 年改革开放以来，我国通过实行以家庭联产承包责任制为标志的农村改革，施行一系列强农富农惠农政策，农业农村发生了翻天覆地的变化。从城乡二元社会结构转向城乡融合发展，从农村支持城市转向以工补农、以城带乡，进一步转到促进农业农村优先发展，说明“三农”工作在我国站起来、富起来、强起来的发展历程中越来越重要，也显示了党和政府对农业农村一以贯之的重视程度。乡村振兴战略的实施，首次在国家战略层面强调乡村全面发展的重要性，既是对我国过去方针政策的继承和发展，又把“三农”工作重中之重地位提升至新的历史高度。

（二）成为我国乡村发展的总规划

在乡村振兴战略提出之前，我国已经颁布了多项支农惠农政策，但政策指向大都针对农业农村发展的某一方面。而乡村振兴战略包括了农业发展、生态保护、文化传承、乡村治理以及农民增收等多个方面，是促进乡村发展的整体性、系统性方略。乡村振兴战略，是关系全局性、长远性、前瞻性的国家总布局，从战略层面全面规划了乡村发展的目标任务，为新时代我国“三农”工作指明了方向，成为未来全面激发农村发展活力的行动指南。

（三）成为解决我国社会矛盾的重要途径

中国特色社会主义进入新时代，我国社会主要矛盾已经转化为人民日益增长的美好生活需要和不平衡不充分的发展之间的矛盾，其中乡村发展的短板弱项问题比较突出。主要表现在：农村经济底子薄、发展滞后，乡村比较缺乏资本、人才、先进技术等生产要素，在人均收入、基础设施、公共服务等方面同城镇相比存在明显差距；农村产业基础薄弱，难以实现和城镇同等程度的经济增长和生产力水平提高；由于城乡二元体制还没有彻底打破，城乡之间要素不平等交换问题依然存在。实施乡村振兴战略，就是要通过解决上述问题，实现乡村的全方位发展，在发展中逐步补上我国现代化进程中的农业农村短板和弱项。

学习任务二　乡村振兴战略主要包括哪些内容

一、乡村振兴战略的总体安排

乡村振兴战略的总体安排包括总目标、总方针、总要求和制度保障。

乡村振兴总目标是实现农业农村现代化。长期以来，我国为解决好吃饭问题，大力推进农业现代化，并取得了长足进步。2020 年，全国主要农作物耕种收综合机械化率达到 70%，农业科技进步贡献率超过 60%，主要农产品人均占有量均超过世界平均水平，农产品供给极大丰富，农业综合生产能力上了大台阶，农民收入较 2010 年翻了一番多，农村民生显著改善。但与城镇相比较而言，农村在基础设施、公共服务、社会治理等方面差距相当大。农村现代化既包括“物”的现代化，也包括“人”的现代化，还包括乡村治理体系和治理能力的现代化。乡村振兴，将坚持农业现代化和农村现代化一体设计、一并推进，实现农业大国向农业强国跨越。

乡村振兴总方针是坚持农业农村优先发展。就是要始终把解决好“三农”问题作为全党工作重中之重，坚持多予少取放活。推进改变“三农”实际工作中“说起来重要、干起来次要、忙起来不要”的倾向，在资金投入、要素配置、公共服务、干部配备等方面采取有力举措，加快补齐农业农村发展短板，不断缩小城乡差距，让农业成为有奔头的产业，让农民成为有吸引力的职业，让农村成为安居乐业的家园。

乡村振兴总要求，是达到产业兴旺、生态宜居、乡风文明、治理有效、生活富裕。产业兴旺，是解决农村一切问题的前提，反映了农业农村经济适应市场需求变化、加快优化升级、促进产业融合的新要求。生态宜居，是乡村振兴的内在要求，反映了农村生态文明建设质的提升，体现了广大农民群众对建设美丽家园的追求。乡风文明，是乡村振兴的紧迫任务，重点是弘扬社会主义核心价值观，保护和传承农村优秀传统文化，加强农村公共文化建设，开展移风易俗，改善农民精神风貌，提高乡村社会文明程度。治理有效，是乡村振兴的重要保障，要推进乡村治理能力和治理水平现代化，让农村既充满活力又和谐有序。生活富裕，是乡村振兴的主要目的，反映了广大农民群众日益增长的美好生活需要。

乡村振兴的制度保障，是建立健全城乡融合发展的体制机制和政策体系。通过健全多元投入保障机制，增加农业农村基础设施建设投入，加快城乡基础设施互联互通，推动人才、土地、资本等要素在城乡间双向流动。通过建立健全城乡基本公共服务均等化的体制机制，推动公共服务向农村延伸、社会事业向农村覆盖。

乡村振兴，是包括产业振兴、人才振兴、文化振兴、生态振兴、组织振兴的全面振兴，是“五位一体”总体布局、“四个全面”战略布局在“三农”工作中的体现。实施乡村振兴战略，通过统筹推进农村经济建设、政治建设、文化建设、社会建设、生态文明建设和党的建设，促进农业全面升级、农村全面进步、农民全面发展。

二、乡村振兴战略的主要内容

乡村振兴战略的主要实施内容，包括产业振兴、人才振兴、文化振兴、生态振兴、组织振兴五大方面。

（一）乡村产业振兴

紧紧围绕农业现代化目标推进农业供给侧结构性改革，坚持质量兴农、绿色兴农，加快构建现代农业产业体系、生产体系和经营体系，提高粮食生产能力。促进农村一二三产业融合发展，着力发展休闲农业、乡村旅游、农村电商等新产业、新业态。完善农业支持保护制度，发展多种形式适度规模经营，培育新型农业经营主体，健全农业社会化服务体系，实现小农户和现代农业发展有机衔接。突出抓好农民合作社和家庭农场两类农业经营主体发展，赋予双层经营体制新的内涵，不断提高农业经营效率。

（二）乡村人才振兴

优化农业从业者结构，以农村带头人和新型经营主体带头人为重点，培养有文化、懂技术、善经营、会管理的高素质农民队伍；以乡村治理人才为重点，培养造就懂农业、爱农村、爱农民的“三农”工作队伍；加大“三农”领域实用专业人才培育力度，提高农村专业人才服务保障能力。鼓励社会人才投身乡村建设，通过制定相关政策措施和管理办法，鼓励工商资本、专家学者、技能人才、城市居民上山下乡，支持大学毕业生返乡就业创业参与乡村建设。

（三）乡村文化振兴

坚持以社会主义核心价值观为引领，传承发展中华优秀传统文化，建设乡村公共文化服务体系，培育文明乡风、良好家风、淳朴民风，建设邻里守望、诚信重礼、勤俭节约的文明乡村。持续推进农村精神文明建设，提升农民精神风貌，既富口袋又富脑袋，倡导科学文明生活，不断提高乡村社会文明程度。

（四）乡村生态振兴

树立和践行绿水青山就是金山银山的理念，坚持尊重自然、顺应自然、保护自然，统筹山水林田湖草系统治理。加快转变生产生活方式，因地制宜搞好农村人居环境整治，建立市场化、多元化生态补偿机制，坚持绿色生态导向，建设生活环境整洁优美、生态系统稳定健康、人与自然和谐共生的生态宜居美丽乡村。

（五）乡村组织振兴

建立健全“党委领导、政府负责、社会协同、公众参与、法治保障”的现代社会乡村治理体制。加强农村基层党组织建设，把党组织建设成为推动科学发展、带领农民致富、密切联系群众、维护农村稳定的坚强战斗堡垒。健全“自治、法治、德治”三治合一的乡村治理体系，以自治为基、法治为本、德治为先，健全和创新村党组织领导的充满活力的村民自治机制。构建简约高效的基层管理体制，健全农村基层服务体系，夯实乡村治理基础。

［**案例 1-1**］

河北省某村的乡村振兴之路

河北省某村，在发展乡村旅游的过程中，强化人才培训、挖掘文化底蕴、改善生态环境、优化管理模式。该村被评为“全国生态文化村”，2019 年还入选第一批全国乡村旅游重点村。

一是乡村产业帮致富。张某作为村干部和村内的致富能人，不仅引领党员带头创办致富产业，并探索出支部谋划、村民入股、共同富裕的富民强村之路，实现群众增收致富。与多家公司企业合作，吸引村民以入股形式参与，不仅可以获得分红，还在村内创造了众多就业岗位，村民人均增收近 1 万元。

二是能人回乡聚人气。村里有不少在外创业的能人，他们表示，事业有成之后，很愿意回村帮父老乡亲办事。村干部意识到，村子要长久发展，关键在于人才。为此村干部多次联系这些能人回乡创业，让他们发挥自身优势，同时带领村内年轻人加快成长。目前，村内年轻人选择留村创业或者就业的占到 90%，大家都愿为村里多做贡献，也为自己开创一片天地。

三是开创文明新生活。生活富裕之后，村内开始开展文化生活建设，成立了书法社、戏曲社等社团，丰富村民业余生活，同时村委会还根据村子的发展历史，编著了相关科普读物，激发了村民的文化自信。

四是建设生态美村庄。为改善全村生态环境，在村干部的带领下，进村道路和村内主要街道已全部进行了硬化；设计建造小园林 6 个，总面积近 1 万平方米；经过几年的植树造林，村里的绿化率从 34%增长到 65%。村内良好的自然环境和居住环境，不仅提高了村民的幸福感和获得感，而且也有利于对外招商引资，同时提高了对村内人才的吸引力，为村内的产业发展提供了良好的外部环境。

五是组织建设强引领。为把心思集中到村里的发展上，不少村干部都陆续辞去了企业里的职务，在村“两委”实行坐班制，确保“老百姓来了，就有人给办事儿”。同时制定了一系列管理制度，明确了村“两委”成员的职责分工。充分发挥党员的先锋模范带头作用，每月定期开展党员活动、组织党员学习政策，将党员和村民代表纳入日常村务管理中，形成网格化管理制度。财务上更是严格把关，开支严明，做到财务每月公开，村务党务每季公开。不仅提高了村内的办事效率，而且也增强了群众对于党员干部的信赖感，形成了党员带头、群众拥护的良好局面。

［点评］河北省某村之所以能够走上致富振兴的快车道，就是因为在村干部的带领下，坚持了产业振兴、人才振兴、文化振兴、生态振兴、组织振兴这五个基本方向，并且能够因地制宜，在五个方面共同发力、相互促进，实现了村庄整体发展。

（案例来源：长城网，http：//report. hebei. com. cn/system/2018/04/02/018708827. shtml）

三、近年关于乡村振兴的政策梳理

自党的十九大提出实施乡村振兴战略以来，国家各部门都制定了一系列针对性政策，内容涵盖乡村振兴各方面。以下分综合类、惠农强农类、产业发展类、金融保险类、农业经营类、土地类、美丽乡村建设类等，对这些政策进行梳理（表 1-1）。

表 1-1　乡村振兴相关政策梳理

发布时间	单位	名称	主要内容
综合类政策			
2018-01-02	中共中央、国务院	《中共中央 国务院关于实施乡村振兴战略的意见》	全面贯彻党的十九大精神，以习近平新时代中国特色社会主义思想为指导，加强党对“三农”工作的领导，坚持稳中求进工作总基调，牢固树立新发展理念，落实高质量发展的要求，紧紧围绕统筹推进“五位一体”总体布局和协调推进“四个全面”战略布局，坚持把解决好“三农”问题作为全党工作重中之重，坚持农业农村优先发展

（续）

发布时间	单位	名称	主要内容
2018-09-26	中共中央、国务院	《乡村振兴战略规划（2018—2022年）》	以习近平总书记关于“三农”工作的重要论述为指导，按照产业兴旺、生态宜居、乡风文明、治理有效、生活富裕的总要求，对实施乡村振兴战略作出阶段性谋划，分别明确至2020年全面建成小康社会和2022年召开党的二十大时的目标任务，细化实化工作重点和政策措施，部署重大工程、重大计划、重大行动，确保乡村振兴战略落实落地，是指导各地区各部门分类有序推进乡村振兴的重要依据
2019-01-03	中共中央、国务院	《中共中央国务院关于坚持农业农村优先发展做好“三农”工作的若干意见》	坚持农业农村优先发展总方针，以实施乡村振兴战略为总抓手，对标全面建成小康社会“三农”工作必须完成的硬任务，适应国内外复杂形势变化对农村改革发展提出的新要求，抓重点、补短板、强基础，围绕“巩固、增强、提升、畅通”深化农业供给侧结构性改革，坚决打赢脱贫攻坚战，充分发挥农村基层党组织战斗堡垒作用，全面推进乡村振兴，确保顺利完成到2020年承诺的农村改革发展目标任务
2019-05-05	中共中央、国务院	《关于建立健全城乡融合发展体制机制和政策体系的意见》	坚持农业农村优先发展，以协调推进乡村振兴战略和新型城镇化战略为抓手，以缩小城乡发展差距和居民生活水平差距为目标，以完善产权制度和要素市场化配置为重点，坚决破除体制机制弊端，促进城乡要素自由流动、平等交换和公共资源合理配置，加快形成工农互促、城乡互补、全面融合、共同繁荣的新型工农城乡关系，加快推进农业农村现代化
惠农强农类政策			
2018-05-22	商务部	《关于推进农商互联助力乡村振兴的通知》	按照乡村振兴战略总体要求，通过政策引导、市场参与的方式，着力构建长期稳定的产销关系，发展新型农业经营主体，培育优质农产品品牌，打造符合现代农产品流通需求的产业链标准体系，加强农产品流通基础设施建设，推动农业农村现代化和农民增收，助力产业精准扶贫和乡村振兴
2019-05-05	财政部、商务部	《关于推动农商互联完善农产品供应链的通知》	按照乡村振兴战略总体要求，通过政策引导、市场参与的方式，推动农商互联，促进农产品流通企业与新型农业经营主体进行全面、深入、精准对接，重点加强农产品产后商品化处理等流通设施建设，不断提高订单农业、产销一体、股权合作等长期稳定农产品流通模式在农产品流通中的比重，实现联产品、联设施、联标准、联数据、联市场，打造上联生产、下联消费，利益紧密联结、产销密切衔接、长期稳定的新型农商关系，构建符合新时代农产品流通需求的农产品现代供应链体系，提升农产品供给质量和效率

（续）

发布时间	单位	名称	主要内容
2020-04-14	农业农村部、财政部	《关于做好2020年农业生产发展等项目实施工作的通知》	坚持以习近平新时代中国特色社会主义思想为指导，贯彻落实党中央、国务院关于“三农”工作重大决策部署，紧扣打赢脱贫攻坚战、加快补齐全面小康“三农”短板、突出抓好粮食生猪等重要农产品稳产保供等重点任务，统筹抓好新冠肺炎疫情防控和经济社会发展，坚持新发展理念，落实完善农业支持保护制度改革，突出保供给、保增收、保小康，重点支持关键领域和薄弱环节，为加快农业农村现代化提供有力支撑
产业发展类政策			
2018-01-18	农业部	《关于大力实施乡村振兴战略加快推进农业转型升级的意见》	以实施乡村振兴战略为总抓手，以推进农业供给侧结构性改革为主线，以优化农业产能和增加农民收入为目标，以保护粮食生产能力为底线，坚持质量兴农、绿色兴农、效益优先，加快转变农业生产方式，推进改革创新、科技创新、工作创新，大力构建现代农业产业体系、生产体系、经营体系，大力发展新主体、新产业、新业态，大力推进质量变革、效率变革、动力变革，加快农业农村现代化步伐，朝着决胜全面建成小康社会的目标继续前进
2019-06-17	国务院	《关于促进乡村产业振兴的指导意见》	以实施乡村振兴战略为总抓手，以农业供给侧结构性改革为主线，围绕农村一二三产业融合发展，与脱贫攻坚有效衔接、与城镇化联动推进，充分挖掘乡村多种功能和价值，聚焦重点产业，聚集资源要素，强化创新引领，突出集群成链，延长产业链、提升价值链，培育发展新动能，加快构建现代农业产业体系、生产体系和经营体系，推动形成城乡融合发展格局，为农业农村现代化奠定坚实基础
金融保险类政策			
2018-03-09	国家旅游局办公室、国务院扶贫开发领导小组办公室综合司、中国农业发展银行办公室	《关于组织推荐金融支持旅游扶贫重点项目的通知》	聚焦旅游扶贫重点项目，把项目作为推进旅游精准扶贫、配套优惠政策的核心和载体，主要是针对企业和项目的融资贵、融资难、融资慢等关键问题，通过加大对旅游扶贫项目的优惠贷款支持力度，培育和发展一批开发建设水平高、精准扶贫机制实、经营管理发展好、示范带动效果强的旅游项目，带动更多建档立卡贫困村、贫困户和贫困人口脱贫增收
2019-01-29	中国人民银行、中国银行保险监督管理委员会、中国证券监督管理委员会、财政部、农业农村部	《关于金融服务乡村振兴的指导意见》	按照产业兴旺、生态宜居、乡风文明、治理有效、生活富裕的总要求，坚持目标导向和问题导向相结合、市场运作和政策支持相结合，聚焦重点领域，深化改革创新，建立完善金融服务乡村振兴的市场体系、组织体系、产品体系，完善农村金融资源回流机制，把更多金融资源配置到农村重点领域和薄弱环节，更好满足乡村振兴多样化、多层次的金融需求，推动城乡融合发展

（续）

发布时间	单位	名称	主要内容
2020-04-09	中国银行保险监督管理委员会	《关于做好2020年银行业保险业服务“三农”领域重点工作的通知》	支持“三农”领域补短板，保障重点农产品有效供给，促进各类农业经营主体发展，强化特殊群体金融服务，做好新冠肺炎疫情防控期间的涉农金融服务。对受疫情影响较大的涉农主体不得盲目抽贷、断贷、压贷，对到期还款困难的适当予以展期、续贷或调整还款付息计划，下调贷款利率，减免手续费及提高不良贷款容忍度等。发挥银行保险机构基层网点信息资源优势，助力涉农主体渡过疫情灾害难关
农村经营类政策			
2017-05-31	中共中央办公厅、国务院办公厅	《关于加快构建政策体系培育新型农业经营主体的意见》	围绕帮助农民、提高农民、富裕农民，加快培育新型农业经营主体，综合运用多种政策工具，与农业产业政策结合、与脱贫攻坚政策结合，形成比较完备的政策扶持体系，引导新型农业经营主体提升规模经营水平、完善利益分享机制，更好发挥带动农民进入市场、增加收入、建设现代农业的引领作用
2017-08-23	农业部、国家发展和改革委员会、财政部	《关于加快发展农业生产性服务业的指导意见》	以服务农业农民为根本，以推进农业供给侧结构性改革为主线，以培育农业生产性服务战略性产业为目标，大力发展多元化多层次多类型的农业生产性服务，推动多种形式适度规模经营发展，带动更多农户进入现代农业发展轨道，全面推进现代农业建设
2019-02-21	中共中央办公厅、国务院办公厅	《关于促进小农户和现代农业发展有机衔接的意见》	正确处理好发展适度规模经营和扶持小农户的关系。既要把准发展适度规模经营是农业现代化必由之路的前进方向，发挥其在现代农业建设中的引领作用，也要认清小农户家庭经营很长一段时间内是我国农业基本经营形态的国情农情，在鼓励发展多种形式适度规模经营的同时，完善针对小农户的扶持政策，加强面向小农户的社会化服务，把小农户引入现代农业发展轨道
土地类政策			
2018-12-19	农业农村部、国家发展和改革委员会、财政部等	《关于开展土地经营权入股发展农业产业化经营试点的指导意见》	创新土地经营权入股的实现形式，完善土地股份组织运行机制，探索土地经营权入股风险防范措施，推进登记颁证。加快完成农村承包地确权登记颁证，加强指导服务。各省（区、市）农业农村部门要牵头组织开展土地经营权入股试点工作，加大政府政策支持力度
2019-11-26	中共中央、国务院	《关于保持土地承包关系稳定并长久不变的意见》	紧扣处理好农民和土地关系这一主线，坚持农户家庭承包经营，坚持承包关系长久稳定，赋予农民更加充分而有保障的土地权利，巩固和完善农村基本经营制度，为提高农业农村现代化水平、推动乡村全面振兴、保持社会和谐稳定奠定制度基础

（续）

发布时间	单位	名称	主要内容
美丽乡村类政策			
2018-09-14	住房和城乡建设部	《关于开展引导和支持设计下乡工作的通知》	深入学习贯彻习近平总书记关于实施乡村振兴战略的重要论述，充分认识设计下乡在实施乡村振兴战略、推动乡村高质量发展和促进城乡融合发展等方面的重要意义，以落实《农村人居环境整治三年行动方案》确定的各项任务为重点，引导和支持规划、建筑、景观、市政、艺术设计、文化策划等领域设计人员下乡服务，大幅提升乡村规划建设水平
2019-01-04	中央农村工作领导小组办公室、农业农村部、自然资源部、国家发展和改革委员会、财政部	《关于统筹推进村庄规划工作的意见》	做好法定的村庄规划，这有利于理清村庄发展思路，明确乡村振兴各项任务优先序，做到发展有遵循、建设有抓手；有利于统筹安排各类资源，集中力量、突出重点，加快补齐乡村发展短板；有利于通过科学设计和合理布局，优化乡村生产生活生态空间；有利于引导城镇基础设施和公共服务向农村延伸，促进城乡融合发展
2019-06-23	中共中央办公厅，国务院办公厅	《关于加强和改进乡村治理的指导意见》	坚持和加强党对乡村治理的集中统一领导，坚持把夯实基层基础作为固本之策，坚持把治理体系和治理能力建设作为主攻方向，坚持把保障和改善农村民生、促进农村和谐稳定作为根本目的，建立健全党委领导、政府负责、社会协同、公众参与、法治保障、科技支撑的现代乡村社会治理体制，以自治增活力、以法治强保障、以德治扬正气，健全党组织领导的自治、法治、德治相结合的乡村治理体系，建设充满活力、和谐有序的乡村社会，不断增强广大农民的获得感、幸福感、安全感

模块小结

本模块主要介绍了乡村振兴的实施背景、重要意义、总体安排和具体内容，最后还梳理了近年来乡村振兴有关政策。乡村振兴战略作为新时代“三农”工作的总抓手，是解决我国发展主要矛盾、实现“两个一百年”奋斗目标和中华民族伟大复兴中国梦的必然要求。通过统筹推进乡村产业振兴、人才振兴、文化振兴、生态振兴、组织振兴，最终实现乡村产业兴旺、生态宜居、乡风文明、治理有效、生活富裕。

模块二

产业兴旺

学习目标

乡村振兴，产业兴旺是重点。抓好产业兴旺，就相当于抓住了乡村振兴的“牛鼻子”。通过对本模块的学习，掌握产业兴旺的基本概念、重要意义、主要内容及实现途径，明确农民在实现产业兴旺中的主体地位，深入理解产业兴旺对乡村振兴的重要作用。

学习重点

本模块的学习重点是产业兴旺的基本概念、主要内容和实现途径，将通过案例的学习来加深认识与理解。

学习任务一　为什么要促进乡村产业兴旺

在乡村振兴二十字总要求中，“产业兴旺”位居其首，是实现乡村振兴战略的基础支撑。实现产业兴旺可以直接推动农民生活富裕，解决我国农民最迫切的需求。只有农民收入水平提高了，生活条件得到了有效改善，才会更加关注生态文化建设，促进乡村生态宜居、文明治理建设顺利开展。只有产业兴旺了，农民有活儿干、有饭吃、有钱挣，吃饱穿暖之后，才会想要打扫房前屋后，才有余力让村庄变得更美，环境更好，更加井然有序，乡村才会治理有效。因此，产业兴旺往大处说，对于国家“三农”问题的解决，对于乡村振兴战略的实施和持续推进，对于我国农业现代化的实现均具有重要意义；往小处说，产业兴旺就是要让农民“挣得到钱，买得起车，建得起房”，让广大农民过上更加美好富裕的生活。

一、什么是产业兴旺

产业兴旺是指以农业为基础，在夯实农业生产能力、确保粮食安全的基础上，拓展和挖掘农业的多功能性，延长农业产业链条，促进一二三产业融合发展，推动农业提质增效，有效带动农民增收，激发乡村活力，真正实现农业强、农村美、农民富。做农业不光是要“五谷丰登、六畜兴旺”，更要产业融合，百业兴旺。做农业不光是种地、养猪，还可以搞农家乐、休闲观光旅游、采摘，让城里人到农村体验生活。发展农产品深加工等，开发农业的多功能性，把农业做出新花样来，让农民不需要外出打工，可以靠农业发家致富。产业兴旺就是以农业为基础，以科技为支撑，加快培育农业的新业态、新功能，通过各种别出心裁的思路、想法、创新，让农业更赚钱、让农民更富裕、让农村更强大。

二、促进乡村产业兴旺的重要意义

（一）有助于农业发展

乡村振兴战略是党的十九大作出的重大战略部署，是我国全面建成社会主义现代化国家的重大历史任务。而产业兴旺是乡村振兴战略的首要任务，促进乡村产业兴旺，首先要搞好农业，确保粮食安全，实现农业的现代化。发展现代农业，就不能再像过去那样靠“大水大肥”，单纯追求高产量，未来的农业发展方式不仅要确保粮食数量安全，更重要的是要确保粮食的质量安全，实施质量兴农战略，大幅度地提升农产品的质量，增加农业效益，不仅要让全体中国人吃得饱、吃得好，还要吃得安全、吃得健康、吃得愉悦。

（二）有助于农村繁荣

中国共产党第十九次全国代表大会通过的《中国共产党党章》规定：中国共产党在社会主义初级阶段的基本路线就是要“领导和团结全国各族人民，以经济建设为中心，坚持四项基本原则，坚持改革开放，自力更生，艰苦创业，为把我国建设成为富强民主文明和谐美丽的社会主义现代化强国而奋斗”。高度概括起来就是“一个中心，两个基本点”。产业兴旺就是体现我国以经济建设为中心、振兴乡村、落实党的基本路线的最直接的要求和体现。只有乡村产业兴旺了，我国广大的农村地区才会集聚更多的人力、物力和财力，为乡村的政治、社会、文化和生态文明建设提供更为坚实的物质条件和基础，从而真正促进农村繁荣。

（三）有助于农民增收

对于广大农民而言，促进乡村产业兴旺就是要促进农民增收，让农民有饭吃、有活干、在家门口就能赚到钱。要促进乡村产业兴旺、增加农民收入，就需要启动乡村的非农产业，推动乡村一二三产业的深度融合、以农业为依托，充分利用互联网、电子商务等新兴信息技术，发展农家乐、休闲观光旅游业、康养产业等新兴业态，促使农民有效增收。一句话，产业兴旺就是要让农民腰包鼓起来。

学习任务二　产业兴旺的具体内容和实现路径

产业兴旺主要包括五方面内容：夯实农业生产能力基础、加快实施质量兴农战略、推动乡村一二三产业深度融合、完善联农带农利益联结机制、激发乡村创新创业活力。其中前两项内容主要是为了发展好农业产业本身，确保粮食的数量和质量安全，后三项内容则是为了促进农业“接二连三”，从而促进乡村百业兴旺，实现乡村繁荣、农业发展、农民富裕。

要促进农村产业兴旺，首先要搞好农业本身，把广大的普通农田建设成高标准农田，对土壤进行测土配方，有效监测庄稼长势，科学播种、施肥、灌溉、收割，确保我国粮食在数量上和质量上都安全，不仅要让全体中国人吃得饱、吃得好，还要吃得安全、吃得健康、吃得愉悦。其次，在确保粮食安全的基础上，要进一步挖掘农业的多功能性，农业农村的资源不仅能够用来生产粮食，还要开发出乡村旅游、乡村农家乐、乡村采摘、乡村养老、体验农耕等一系列新产业、新业态，将更多的人力、物力、财力聚集到农村，吸引更多的消费群体来农村消费，促进更多的农民参与到各种利益联结机制中，让农民能够“守家在地儿”地赚到更多的钱，过上更加幸福美好的生活。产业兴则百业兴，乡村各种产业兴旺了，农业也就发展了，农村也就繁荣了，农民也就更加富裕了。

一、夯实农业生产能力基础

（一）什么是夯实农业生产能力基础

农业生产能力有狭义和广义之分。狭义的农业生产能力主要涉及农业的生产环节，而广义的农业生产能力则还包括农业产前、产中、产后的诸如生产资料供给能力、农业科研教育能力和农产品加工、流通增值能力等。以粮食生产为例，夯实农业生产能力基础，就是要稳定粮食种植面积，把普通的农田建设成高标准农田，增强科技和政策支持力度，提高粮食生产综合能力，确保有足够数量和质量的粮食，确保“中国人的饭碗任何时候都要牢牢端在自己的手上”。

党的十九大提出乡村振兴战略以来，夯实农业生产能力基础被提到了前所未有的高度，2018—2020 年的中央 1 号文件均就夯实农业生产能力基础进行了阐述，要求全面落实永久基本农田特殊保护制度，推进农村土地整治和高标准农田建设，加强农田水利建设，强化科技创新，不断提升农业从业者的素质等。2020 年 11 月刚刚通过的《中共中央关于制定国民经济和社会发展第十四个五年规划和二〇二五年远景目标的建议》（以下简称“十四五”规划建议）中，再次强调我国在“十四五”期间，要“坚持最严格的耕地保护制度”“加大农业水利设施建设力度，实施高标准农田建设工程，强化农业科技和装备支撑，提高农业良种化水平，健全动物防疫和农作物病虫害防治体系，建设智慧农业”，夯实农业生产能力基础。

（二）夯实农业生产能力基础的主要途径

1. 持续加强耕地保护　耕地资源是我国最为宝贵的资源财富，关系到中国十四亿人的吃饭问题，必须保护好，不能有任何闪失。按照党中央、国务院的决策部署，坚守 18 亿亩耕地红线，坚持采用最严格的耕地保护制度和最严格的节约用地制度，像保护文物、保护大熊猫那样来保护国家耕地，着力加强耕地的数量、质量和生态“三位一体”保护，依法加强耕地占补平衡规范化管理，要全面落实好“藏粮于地、藏粮于技”战略，提高粮食的综合生产能力，保障国家粮食安全。具体目标要按照 2018 年国土资源部印发的《关于全面实行永久基本农田特殊保护的通知》和 2019 年中央 1 号文件要求设定，“确保到 2020 年，全国永久基本农田保护面积不少于 15.46 亿亩”“确保建成 8 亿亩高标准农田”“全面落实永久基本农田特殊保护制度”。在未来一段时期内，要按照 2019 年国务院印发的《关于切实加强高标准农田建设提升国家粮食安全保障能力的意见》，实现“到 2022 年全国建成 10 亿亩高标准农田，以此稳定保障 1 万亿斤①以上粮食产能；到 2035 年全国高标准农田保有量进一步提高”的目标。

2. 切实加强高标准农田建设　一是国家要构建高标准农田建设管理新体制，

① 斤为非法定计量单位，1 斤＝500 克。——编者注

形成国家、省、市、县四级农田建设规划体系，从规划标准到建设标准，都要符合各地农业生产的实际情况，进行科学规划和建设，重点加强永久基本农田保护区、粮食生产功能区、重要农产品生产保护区高标准农田建设。二是发挥科技的力量建设高标准农田，为国家粮食安全插上科技的“翅膀”。针对土壤退化、工程性缺水等问题，采取专项工程等形式开展高标准农田建设，推动耕地质量保护，促进土壤生态涵养功能提升，以科技赋能切实推动高标准农田建设，提升高标准农田的产出数量和质量。三是健全高标准农田建设管护机制，避免“重建轻管”现象，确保建成的高标准农田长久持续发挥效益。

3. 不断提升农业科技水平 科学技术是第一生产力，夯实农业生产能力基础，推动我国产业兴旺和乡村振兴，都离不开农业科学技术的支撑。具体而言，一是国家持续强化科技引领，聚焦与粮食安全相关的重大基础研究和重大关键技术领域问题，力争破解农业发展科技难题，加快研发适应我国农业生产形势、具有重大生产潜力的新品种、新技术、新产品，加强智能化、精准化的农作物田间管理，促进农业资源高效利用，发展高效农业、设施农业、智慧农业，促进农产品加工与质量安全等新兴学科的研究与发展，为保障我国粮食安全和主要农产品有效供给提供科技支撑。二是持续强化科技创新驱动，针对新形势下农业和农村经济发展的需要，通过引进、培养、培训等形式造就一批业务精干、德才兼备的高素质领军人才和后备骨干人才，满足乡村振兴对农业科技人才的需求。三是持续强化科技资源统筹，注重顶层设计，打破学科界限，形成科技创新合力，建立科技系统创新机制，促进相关科技创新成果共享、共用，推动农业科技领域的创新与支撑能力快速提升。

4. 持续提升农民的综合素质 农民是乡村振兴的主体，要夯实农业生产能力基础，需要持续提升广大农民的综合素质，农民兴则乡村兴。要持续提升农民的综合素质应从三个方面入手：一是持续提升农民的思想道德素质，培育农民爱党、爱国、爱农村的精神。农民是乡村振兴的主角，也是乡村振兴的最大受益者，爱党、爱国、爱农村是对广大农民的基本思想要求。二是持续提升农民的文化素质，培育有知识、有文化、有能力的农民。只有广大农民的文化素质提升起来，乡村振兴才有希望，农民才会真正获得成就感和幸福感。三是持续提升农民的职业素质，培育懂农业、懂技术、懂管理、懂市场的高素质农民。中国未来的农业发展需要大量的高素质农民，他们不仅要懂农业生产，还需要懂农业生产技术、懂市场、懂管理、懂销售，因此需要高度重视农民队伍建设，不断提高广大农民主体的综合素质，使其能够运用先进的农业技术和配套设施，充分发挥现代农业的优势，推动产业兴旺的进程，为乡村振兴提供人才队伍储备。

[案例 2-1]

土地整理，农民自己的事情自己办

2013 年 12 月 4 日，湖北省天门市石河镇石庙村举行该省首个土地整理创新项目启动仪式。该项目授权“全国农民专业合作社示范社”华丰农业专业合作社自主进行土地整理，涉及石河镇 11 个村，建设规模 2 万亩，国家专项投入 2 900 万元。这是湖北省首个采取合作社农民自建模式的土地整理项目。

过去湖北省进行土地整理，都是国土部门招标委托社会公司实施，采用这种方式的问题在于土地种植和土地整理的主体为两拨人，往往导致土地整理脱离实际，整理之后熟地变成生地，沟渠路联通不合理以及施工公司逐利导致国家财政资金效益不高等弊端。

采取合作社农民自己进行土地整理的方式，有很多优势：一是能够充分尊重农民意愿。在土地整理过程中，合作社社员进行民主讨论，制定整理方案，对于如何进行土地整理，从事土地种植的农民最有发言权。二是可以充分利用合作社的自由机械，节约成本、增加效率。三是合作社进行土地整理的目的在于提高土地资源的利用效率，而不在于逐利。

在天门市国土资源局专业工作人员现场跟踪管理指导下，华丰农业专业合作社社员将本村土地整理得井然有序。土地整理——农民的事情自己办，在实践中焕发出强大的生命力。

（案例来源：随州日报，2013-12-16，http://www.suiw.cn/article-69387-1.html）

[点评] 该案例讲述了湖北省首个采取合作社农民自建方式的土地整理项目，土地整理项目直接交给农民办，具有几大优势：一是设计能尊重农民意愿；二是土地整理充分利用自有机械，能够节约成本；三是自己整理土地能够达到更高标准。同时，政府部门也进行了有效的指导和监督，是一次大胆的创新，也是一次有益的尝试。农民的事情农民干，在土地整理过程中激发广大农民主体的积极性，是一条积极探索惠民、利民、农民当家做主的农村土地整理项目建设的新路子，在条件允许的情况下，值得在全国因地制宜地开展。

二、加快实施质量兴农战略

（一）质量兴农战略的提出

经过几十年的努力奋斗，我国农业发展取得了巨大的成就，农业综合生产能力大幅度提高，农民持续增收，我国完全有能力推进农业高质量发展；同时随着我国社会经济发展水平的快速提升，城乡居民的消费结构不断升级，对农产品的需求已经从“有没有”“够不够”阶段向“好不好”“优不优”阶段迈进。在这样的现实背景下，2017年中央农村工作会议、中央1号文件先后提出要深化推进农业供给侧结构性改革，突出强调“坚持质量兴农”“全面提升农产品质量和食品安全水平”，将2018年定为“农业质量年”。随后2018年中央1号文件明确提出实施质量兴农战略，2019年2月农业农村部、国家发展和改革委员会等7部委联合发布了《国家质量兴农战略规划（2018—2022年）》，对我国在新时期实施质量兴农战略给出了总体发展思路、具体发展目标和重点任务，为我国推动产业兴旺、促进乡村振兴，指导各地加快推进质量兴农战略提供了具体的行动指南，意义重大。2020年中央1号文件再次强调，要“强化全过程农产品质量安全和食品安全监管，建立健全追溯体系，确保人民群众‘舌尖上的安全’”。2020年11月出台的“十四五”规划建议指出，在“十四五”期间，要提高农业质量效益和竞争力，强化质量安全监管。可见，质量兴农战略将是我国未来相当长一段时间内乡村振兴战略推进过程中的重要内容之一。

（二）加快推进质量兴农战略的具体途径

国家提出质量兴农战略，并制定了具体的规划，这里的质量不仅要求农产品质量高，还要求产业效益高、生产效率高、经营者素质高、国际竞争力强。在《国家质量兴农战略规划（2018—2022年）》中提出了明确的质量兴农主要指标的目标值（如表2-1所示）。

表2-1　《国家质量兴农战略规划（2018-2022）》主要指标目标值

专栏1　质量兴农主要指标			
衡量体系	主要指标	2017年基期值	2022年目标值
农产品质量高	农产品质量安全例行监测总体合格率（%）	97.1	>98
	绿色、有机、地理标识、良好农业规范农产品的认证登记数量年均增长（%）	6	6

（续）

专栏1　质量兴农主要指标

衡量体系	主要指标	2017年基期值	2022年目标值
产业效益高	规模以上农产品加工产值与农业总产值之比	2.2∶1	2.5∶1
	禽畜养殖规模化率（%）	58	66
	水产健康养殖示范面积比重（%）	55	65
生产效率高	农业劳动生产率（万元/人）	3.4	5.5
	土地产出率（元/亩）	3 200	4 000
	农作物耕种收综合机械化率（%）	66	71
	农田灌溉水有效利用系数	0.548	0.56
	主要农作物农药利用率（%）	38.8	41
	主要农作物化肥利用率（%）	37.8	41
经营者素质高	国家农民专业合作社示范社认定数量（家）	6 284	10 000
	年均培育新型职业农民人次（万人次）	100	100
国际竞争力强	农产品出口额年均增长（%）	3.5	3

资料来源：《国家质量兴农战略规划（2018—2022）年》。

要加快推进质量兴农战略，就是要以农业供给侧结构性改革为主线，深入推进结构调整，优化空间布局，突出农业绿色化、优质化、特色化、品牌化，构建现代农业产业体系、生产体系、经营体系，推动农业发展质量变革、效率变革、动力变革。

1. 推动农业产业产品和区域结构优化　在种植业产业结构上，按照中央“稳粮、优经、扩饲”的要求，在粮食作物上要稳定水稻、小麦生产，确保口粮绝对安全，重点发展优质稻米，强筋、弱筋小麦，调减玉米种植，增加优质的食用大豆、杂粮等农产品生产。在经济作物上优化品种品质和区域布局，巩固主产区的棉花、油料、糖料的生产，促进园艺作物发展。在饲料作物上，重点发展青贮玉米、苜蓿等优质牧草，继续扩大种植面积。在养殖业上，国家提倡规模化养殖，全面振兴奶业，培育国产优质品牌。

在区域结构优化方面，强调科学规划稻谷、小麦等粮食生产主体功能区和大豆、棉花、油菜籽、糖料蔗、天然橡胶等重要农产品生产保护区，对功能区和保护区实行信息化、精准化管理；同时鼓励各地发展园艺、畜产品、水产品、林特产品等特色农产品优势区。

2. 推进农业绿色生态发展　注重生态功能、追求生态效益、确保生态安全是现代农业高质量发展的重要内容，必须把农业发展的立足点转到提高农业可持续发展能力上来。未来农民种地要坚持投入品特别是农药、化肥等减量化，生产清洁化，废弃物资源化，产业模式生态化，加快推进研发和利用新型农业生产技术，推进农业生产、加工、流通资源节约化、环境友好化、生态安全化发展。

3. 构建现代农业产业体系、生产体系和经营体系 农业质量不仅体现在产品质量上，还体现在"生产什么""如何生产"及"谁来生产"上。因此，必须加快构建与高质量发展相适应的现代农业产业体系、生产体系、经营体系，全面提升农业自身素质和竞争力。

（1）构建现代农业产业体系。就是在稳定粮食安全的基础上，大力发展现代的畜牧业、园艺业、水产业、林业等，大力发展高价值、高品质的农产品生产，同时可以进一步延伸到农业观光旅游、农业生态休闲、农业传统文化保护开发等，满足消费者吃、住、行、游、购、娱等多样化的需求。

（2）构建现代农业生产体系。就是要用先进的高科技来武装农业，提升农业生产条件，完善农田水利、农产品流通、农产品市场等基础设施，改造农田基础条件，提高农业抵御自然灾害和风险的能力；因地制宜地运用现代化的农业机械、互联网技术等，提高农业的机械化、信息化水平；做好农业技术推广工作，让农民能够顺利地学习、运用好的农业技术；强化农业生态资源保护，持续推进农药化肥零增长行动，确保我国农业的可持续发展。

（3）构建现代农业经营体系。就是大力培育农村的专业大户、家庭农场、农民专业合作社、农业龙头企业等主体，形成专业化、职业化的农民队伍，解决目前农村种粮主要靠妇女、老人，种地农民青黄不接的问题。

4. 大力实施品牌创建行动 农产品品牌意味着竞争力、市场与效益。我国农产品品牌多而不响的问题仍然十分突出。实行质量兴农战略要以提升农业标准化、规模化、组织化生产为基础，通过加强农产品生产、加工、流通和质量安全的标准化建设，稳定农产品品质和质量，实施农产品品牌创建行动，大力推进农产品区域公用品牌、企业品牌和农产品品牌建设，打造高品质、有口碑的农业金字招牌，讲好农业品牌的中国故事。同时，同步推进农产品质量安全追溯体系建设，强化农产品质量安全监管，完善品牌服务体系，加强品牌的授权管理和产权保护，严惩仿冒假劣行为。

［**案例 2-2**］

陕西洛川苹果以高品质成就高品牌价值

2019 年在农业农村部的组织指导下，中国农业大学国家农业市场研究中心作为独立第三方，首次对全国 100 家区域公用品牌进行了价值评估，其中洛川苹果以687.27亿元的品牌价值高居果品类第1名。洛川苹果高品牌价值的背后是优质的农产品品质。

洛川地处延安南部的渭北黄土高原，气候温和，土壤肥厚，平均海拔1 100米，土层厚80～200米，年平均气温9.2摄氏度，降雨量622毫米，无霜期170天，昼夜温差大、无工业污染，是国内外专家公认的世界最佳苹果优生区的核心地带，也是日照、降水量、海拔等苹果生长7项指标全部符合要求的最佳苹果优生区，发展苹果产业具有得天独厚的资源优势。

洛川县在农业农村部、陕西省、延安市等各级政府部门的大力支持下，确立了“苹果立县”和“抓苹果就是抓发展”的理念，以工业化理念谋划苹果产业开发，加强技术创新，普及标准化生产，扶持壮大龙头企业，实施品牌带动战略，强势推进产业化经营，着力打造洛川苹果的金字招牌。

第一，采用先进的科技理念，运用先进技术打造优质的苹果。一是实行标准化生产和健全标准化管理体系。经过长期的摸索，洛川县形成了以“大改形、强拉枝、减密度、增肥水”为主的标准化生产技术，强化示范基地建设。近年来，洛川县又对标准化果园和苹果园区进行了数字化改造，建设智慧果园，实现苹果产业精细化、高效化和绿色化发展。同时，为了实现管理的标准化，洛川县先后制定完善了《洛川县苹果园标准化生产周年管理技术操作规程》《洛川县苹果重点突破技术》《洛川鲜苹果分级标准》和《洛川鲜苹果包装标准》等地方标准，使全县苹果标准化生产从建园、苗木选购、技术措施、施肥、营销流通等方面都有标可依，全程实施标准化管理。二是强化技术培训和交流。采取“走出去、请进来”的原则，先后选派数百名果农、营销大户、技术骨干等主体赴苹果生产经营先进的国家和地区培训学习。同时邀请国外苹果专家来洛川考察指导，全面提高果农科学务果技能。三是强化质量监管，确保果品安全。坚持源头治理的原则，禁用国家明令禁用的农药、化肥等农资，实施生产全程跟踪监控。

第二，创新营销手段，推动洛川苹果成为知名品牌。在开拓国内市场的过程中，洛川县先后在香港、广州、北京、上海、深圳、昆明、福州等中心城市大力宣传推介，建立巩固直销窗口、专卖店、连锁店，并依托龙头企业开辟西南、西北、东北等边贸市场。在拓展国际市场的过程中，洛川县连续举办12届苹果博览会且举办首届世界苹果大会，对洛川乃至陕西苹果的销售和品牌打造起到了积极的促进作用。

（案例来源：中国农业网，http：//www.zgny.com.cn/ifm/consultation/2019-10-08/177031.shtml）

［点评］洛川立足于自身优越的地理条件，在各级政府的大力支持下，通过标准化的生产和健全的标准化管理体系、严格的质量监管、创新的营销手段，打造了洛川苹果的金字招牌。洛川苹果的发展历程真正践行了质量兴农战略，高品质终将成就高品牌价值。

三、推动农村一二三产业深度融合

（一）什么是农村一二三产业深度融合

农村一二三产业融合指的是以第一产业——农业为依托，以农民及相关生产经营组织为主体，通过互联网、生物技术、高铁等高新技术对农业产业的渗透、一二三产业间的联动与延伸、体制机制的创新等多种方式，将资金、技术、人力及其他资源进行跨产业集约化配置，将农业生产、加工、销售、休闲农业及其他服务业有机整合，形成较为完整的产业链条，不断生成新的业态、新的技术和新的商业模式等，带来农业生产方式和组织方式的深刻变革，实现农村一二三产业的协同发展。农村一二三产业融合立足于农业资源，目的是通过农业各子产业间联合及向二三产业延伸，实现农业产业内部及与二三产业之间的融合渗透，推动农业产业链条的延伸和农业多功能性不断延展，促进农民增收，激发乡村发展的新活力。农村一二三产业融合通过多种方式打破了原有一二三产业之间明确的界限，是农业生产力水平发展到高级阶段的产物。

2015 年中央 1 号文件首次提出通过“推进农村一二三产业融合发展”来促进农民增收。随后历年中央 1 号文件从不同侧面强调要推进农村一二三产业融合发展。2016 年中央 1 号文件强调，“让农民共享产业融合发展的增值收益，培育农民增收新模式”。2017 年中央 1 号文件对“壮大新产业新业态、拓展农业产业链价值链”作出重要部署，推进农村一二三产业融合异军突起。2018 年中央 1 号文件提出要“构建农村一二三产业融合发展体系”，并确立了明确的目标，到 2020 年，“农村一二三产业融合发展水平进一步提升”。2018 年《乡村振兴战略规划（2018—2022 年）》出台，提出推进农村一二三产业交叉融合，发展壮大乡村产业。2019 年中央 1 号文件强调，“健全农村一二三产业融合发展利益联结机制，让农民更多分享产业增值收益”。2020 年中央 1 号文件指出要发展富民乡村产业，“支持各地立足资源优势打造各具特色的农业全产业链，建立健全农民分享产业链增值收益机制，形成有竞争力的产业集群，推动农村一二三产业融合发展”。2020年11月出台的“十四五”规划建议强调，我国在“十四五”期间要持续“推动农村一二三产业融合发展，丰富乡村经济业态，拓展农民增收空间”。在中央政策的持续推动下，推进农村一二三产业融合成为了我国实施乡村振兴战略、实现产业兴旺、促进农民增收的重要抓手和途径。

（二）推进乡村一二三产业深度融合的具体路径

1. 深度挖掘农业的多功能性 农业不仅具有经济功能，满足人类对食品的需求，确保国家粮食安全，还具有生态、社会和文化等其他多方面的功能，包括生态涵养、旅游观光、文化体验、农业教育、康健养老等众多价值。推进乡村一二三产业深度融合，就是要把农业的多种功能深度挖掘出来，整合乡村全域资源，实现跨产业集约化资源配置，不断创造新的消费增长点，促使以农业为基础的一二三产业深度融合，实现农产品多层次、多环节增值增效。

2. 大力培育新模式、新产业、新业态 促进多种形式的乡村一二三产业深度融合，在遵循市场规律的基础上，创新性地培育更多的新模式、新产业、新业态。

（1）促进农业产业内部的整合型融合模式。该种模式在农业产业内部如种植业、养殖业、水产业等各子产业之间的相互融合，建立起上下游之间的有机联系，有效地整合各类资源，推动农业产业内部各子产业间的融合发展，达到保护环境、节约资源、促进农民增收的目的。目前在我国南方一些地区积极推广的“猪-沼-稻”“猪-沼-果”“猪-沼-菜”“猪-沼-鱼”“猪-沼-林”等综合利用模式就是典型的农业产业内部整合型融合。

（2）促进农业产业链延伸型的融合模式。即以农业生产为中心向前后产业链条延伸，将农业生产资料供应与农业生产连接起来，形成农业产加销一条龙服务。在实践中，众多农业龙头企业通过多年探索形成了多样化的农业产业链延伸型融合模式，向上游延伸至农业生产资料的供给，向下游延伸至销售、加工服务等环节，完全或部分实现了农业产加销的内部化，节约了交易成本，提高了农业的经济效益。

（3）促进农业与其他产业的交叉型融合模式。即以农业为基础，植入文化、休闲、旅游等理念，形成交叉型融合模式。如农业与文化、旅游业的融合形成了休闲农业，这种高效、绿色、生态的现代化农业发展新业态，可以将利润留在农村，有效地促进农民增收和农村发展。

（4）促进先进技术要素对农业的渗透型融合模式。如通过先进的信息、生物、航天、互联网等技术对农业进行有机渗透，形成信息农业、生物农业、太空农业、“互联网+”农业、中央厨房等新兴业态。该模式有效地提高了农业生产效率，改善了农产品品种，极大提高了农产品的附加值，改进了销售渠道，节约了中间成本。

3. 推进体制机制改革与创新 国家从科技、财政、金融、土地等多方面为农村一二三产业深度融合提供全方位的政策支持。在科技政策上，打破传统的分行业、分部门的研究与开发政策，国家在制定国家科技计划、进行科技立项时，充分考虑到技术融合因素，对融合性产业发展技术研究优先立项，引导建立不同学科交叉融合研究的科研机制，产出更多融合性技术成果，在一定程度上降低技术成果的资产专用性。在财政政策上，为融合性产业发展相关企业提供税费减免等优惠，扶持产业发展；在金融政策上，对融合性产业发展在贷款金额、贷款期限、贷款利息、还贷方式上提供商业或政策性金融支持，大力发展农业风险投资；在土地政策上，对融合性产业发展减少土地出让金或土地使用费。

[**案例 2-3**]

“老宋瓜王”宋绍堂的产业发展之路

（一）技术为王，夯实一产

1. 攻克世界难题取得专利 1983年土地政策改革，宋绍堂（老宋瓜果专业合作社理事长）和父亲宋宝森先生开始种瓜，不断钻研、实验，历经4年时间，1987年成功攻克西瓜不能重茬种植的世界难题，1990年取得专利，成为行业名人。

2. 冠军瓜王行业权威 1997年开始连年参加“中国西甜瓜擂台赛”，蝉联13届冠军瓜王（2017年再次种出75.24千克大西瓜，斩获第29届西甜瓜擂台赛冠军瓜王，将第14枚冠军奖杯揽入囊中）。总结了一整套实用的高产、高质的种瓜技术，奠定了行业霸主的地位。

（二）打造品牌产销结合，引领行业带动农民

1. 注册商标，打造品牌 2000年注册“宋宝森”商标，迈开品牌建设的第一步，“宋宝森”肖像商标先后荣获“北京市著名商标”“中国著名品牌”认证。

2. 开设精品西瓜专卖店，走产销结合道路 2001年，精选L600、京颖、超越梦想等精品小型西瓜品种作为主打产品，以礼品包装形式主攻礼品市场。

3. 创建公司，产业化经营 2003年成立北京老宋瓜王科技发展有限公司，建立占地50亩①西瓜园区，公司以园区为依托，以科研开发、试验示范、生产销售、观光采摘为主的经营板块组合及多功能于一体的高科技企业，将多年来积累的传统经验与现代科学技术不断融合，形成了“老宋瓜王”的公司品牌和产品品牌，享誉京城内外。

4. 享誉国际，品牌知名度再创新高 2006年参加了由荷兰组织的世界种植者大赛，荣获“世界种植者大赛银奖”。

5. 制定有机、绿色、无公害西瓜生产标准，带动农民共同致富 2007年牵头组建北京老宋瓜果专业合作社，培训农民执行绿色、无公害西瓜生产标准，吸纳社员472户，土地受益面积达2 200多亩，借助“老宋瓜王”强有力的品牌优势、市场优势、技术优势，使合作社不断发展壮大，带动1 000户瓜农年增收平均1.5万元/户。

6. 观光农业升级，带动地方经济 2008年投资680万建立国内首家西瓜主题公园，突出“自然、艺术、文化、科技”四大理念，营造出一个集观光、休闲、娱乐、体验、科普教育、试验示范为一体的多功能现代化农业科技园区，年接待游客量达12万人次，把大兴农业的社会价值通过各种途径显现，带动庞各庄地区的餐饮、住宿、娱乐等行业经济的发展。

7. 引领全国西瓜行业发展，填补冬季北方西瓜市场空缺 随着品牌认知度的提升，市场需求量增大，2011年至今先后在海南乐东、山东昌乐、河北承德、北京延庆、陕西渭南、云南曲靖建立了6家总面积为2 500亩的外埠西瓜种植基地，保证了“老宋瓜王”西瓜全年的市场供应。

8. 开辟渠道，提高市场份额 2011年，借助政府扶持的农超对接政策，“老宋瓜王”牌西瓜进驻京城92家商超，西甜瓜销量呈几何倍数增长，2014年销售额达7 200万元，品牌美誉度和忠诚度迈向新高度，合作社农民直接受益，坚定了瓜农们执行高标准种植、追随品牌、共同致富的信心。

---

① 亩为非法定计量单位，1亩=1/15公顷。——编者注

（三）一二三产业融合，深耕产业链

1. 战略转型，重塑商业模式 2014年高端礼品市场遭遇打击，进入低迷阶段，企业进行了战略调整、内部重组，迎接挑战。未来5年的战略，从北京市场延伸到京津冀地区，再辐射全国市场，从高端礼品市场转战百姓高端消费市场，成为中国生态西瓜行业第一品牌。

2. 开创西瓜生鲜电商模式 2014年进驻电商平台，建立企业网上微商城，与京东、阿里巴巴、央视网商城等电商巨头合作，进行网络推广和销售，有效突破了停滞的销量。2016年网络电商销售额达560万，占总销售额7%，开辟了一条日渐强盛的销售渠道。

3. 科技升级——“物联网+设施农业” 2015年引入智能农场管理系统，推广种植、品控、包装、陈列等一系列标准，开拓全国渠道。绿色履历记录西瓜生产数据、生成二维码，保证消费者对产品的全程质量追溯，进而增强消费者的信任；使用四季田景实现瓜园720度记录，保证消费者随时能看到园内真实景色，从而增加了对园区的认可度；使用采销存管理，节省人工成本，降低农产品损耗，提高客户交付满意度。

4. 中国农业新名片，接待了加纳、柬埔寨等“一带一路”国家元首级领导考察 接待亚洲、欧洲、美洲、非洲各国考察观光团，激起了外国行业专家的浓厚兴趣，引起各国媒体争相报道。

5. 成立“老宋瓜王”西瓜产业研究院，多项成果转化、落地 2016年，首个西瓜深加工产品——“精酿西瓜啤酒”问世，引爆京城三里屯京A啤酒酒吧；首个针对“儿童市场”的“小呆瓜”牌宝宝西瓜推向市场，进军高端品牌西瓜儿童细分市场。新品发布会直接与鑫荣懋、本来生活网签约，3个月“小呆瓜”单品销售额突破200万，成为“老宋瓜王”的爆款产品。

6. 打造“亲子+农业”创新商业模式 2017年5月，“小呆瓜”梦想乐园项目落成，其中包含西瓜数字互动体验馆、田园英语剧、迷宫闯关、瓜田小夜曲（房车、帐篷露营）、“老宋瓜王”西瓜节狂欢派对，打造以孩子带动家庭、以观光带动销售的创新模式。

7. 西瓜与酷跑相结合 2018年6月2日，“老宋瓜王”举办北京大兴第1届西瓜酷跑节，围绕2022年北京冬奥会推出的全民健身的宗旨，意在将西瓜

文化和酷跑元素相结合，让西瓜节的活动更具有国际化和文化内涵，打造不一样的西瓜文化品牌，为大兴西瓜节增添了亮丽的色彩。在西瓜酷跑节上，“老宋瓜王”与中粮我买网达成战略合作协议，利用中粮我买网“互联网+”的优势，让消费者更便捷地享受到高品质的西瓜。

（案例来源：全国百名杰出新型职业农民评选材料）

[点评] 农民宋绍堂跳出了西瓜种植的传统市场，通过研发深加工产品、开拓新的细分市场、发展观光休闲农业，将西瓜产业从单一的生产种植，发展成为如今的一二三产业融合的产业化经营新局面，下一步将探索带动全国西瓜产业发展之路。通过科技、品牌与资本的撬动，带动大兴乃至全国西瓜产业链的升级，响应国家提倡的供给侧结构性改革。形成“品牌-营销-产业金融”的可持续发展模式。西瓜产业面临变革时刻，新时代农民宋绍堂成了深入推进农村一二三产业融合的领头人。

[案例 2-4]

日本农村一二三产业融合的主要做法

日本早在20世纪90年代就开始积极探索农村一二三产业融合，并称之为第六产业，指“通过鼓励农业生产者搞多种经营，发展农产品（食品）加工业、肥料等农资制造业、农产品和农资流通业等服务业以及农业旅游业，形成集农产品生产、加工、销售、服务于一体的完整链条，将流到城市等农村外部的就业岗位和附加值内部化，为农业生产者获得更多农产品加工、流通等环节和农业旅游业的附加值创造条件，借此增加农民收入，增强农业发展活力”。由于一、二、三之和、之积均等于六，因此称之为第六产业。发展第六产业也被称为六次产业化。

日本六次产业化的本质就是以农业为基础的产业一体化和产业融合的深化，其中既包括了第一产业的农林牧副渔产业，也包括了第二产业的食品加工业、肥料生产等行业，同时也将第三产业的流通、销售、信息服务等包含进来，打破了传统农业内部及其与其他产业之间的边界，使得农业产业内部各子产业之间及农业与其他产业如旅游、文化、生态环保、生物制药、食品加工、高科技及金融业深度融合、相互渗透，延伸出新的产业业态。与以往工商资本通过整合农业向前延伸产业链条做法不同的是，日本发展第六产业始终强调维护农民的利益，立足于农业资源，促使农业产业链条向后延伸，以农民为经营主体，鼓励其搞多元化经营，发展农产品加工业、农资制造业、农产品销售及休闲旅游观光农业等，实现一二三产业之间的深度融合，让农民有更多的机会参与到来自加工、流通、销售甚至旅游消费等环节所产生的利润分配中，增加农产品的附加值，提高农户的收入水平，创造出新的就业岗位，激发日本农业和农村发展的新活力。其具体做法如下：

（一）倡导“地产地消”，实现农产品就地转化

所谓“地产地消”是指本地生产的农产品在本地消费。日本政府为了降低流通成本，培育本地农产品品牌，同时把利润留在产地，一直积极提倡农产品“地产地消”。日本政府先后出台了《粮食、农业、农村基本计划》《食育推进基本计划》和《六次产业化法》，将“地产地消”作为国家农业与农村政策重点推进方向，倡导农产品首先应在其产地销售消费，通过农产品直销店、农产品本地加工、农校对接、市民农园、观光农业等方式来实现。

农产品直销店是最为典型的“地产地消”方式，它既可以由生产者自发组织成立，也可以由日本农业协同组合（以下简称农协）、地方公共团体等组织协助开办，目前在日本十分普遍。直销供货农户可以自行包装、自行定价，然后委托直销店进行代销。直销店店主会定期进行农产品品质安全检验，并要求各供货农户在自己的农产品包装上印上生产者的姓名、照片、联系方式等信息，以便消费者在发现质量问题时能够第一时间联系到生产者。农产品直销店均采用先进的软件设备，供货农户可以通过手机等方式随时进入系统了解自家产品在直销店的销售数量和金额，方便供货农户及时作出补货等决策。在直销店内，农户可以直接与消费者交流沟通，对于有效改进农产品种植品种与结构、提供令消费者满意的商品具有积极作用。与市区超市同类产品相比，直销店的农产品相对而言既便宜又新鲜，深受消费者的青睐。“地产地消”模式大幅节约了流通成本，有效增加了产地农民的收入水平。

（二）促进农工商联合发展，激发农业农村发展新活力

日本政府通过提供税收、贷款等优惠政策，把来自第二、三产业的工商企业引入农村，共同开发日本农业资源，利用工商企业资金、技术及人才等优势，来改造传统农业，激发农业农村发展的新活力。

在促进农工商联合发展的过程中，日本政府为了防止工商企业与农民争利，制定了多种措施来保障日本农民的利益。如通过土地规划来确保工商企业不能更改土地使用性质；工商企业要与农民签署订单协议，双方在合理分配利润的前提下进行合作。一旦农民认为利益分配不公，由农协介入，最终可以终止与企业的合作。日本相关的法律法规，凡是涉及农户与工商业企业之间的利益分配，均向农户倾斜，确保农民利益不受损害。正是由于日本政府大力促进农工商业之间的联合发展，使日本的食品加工业得到迅速发展，有效增加了农民收入水平，促进了当地经济的发展。目前，日本的食品加工业已经成为仅次于运输机械和电器机械的第三大产业，日本的大米深加工更是处于世界领先水平。

（三）注重创新，发展农业产业化多元化经营

日本农业产业化多元化经营，呈现出产品内容多元化、发展主体多元化、开展形式多元化的特点。首先是产品内容上的多元化，既包括农林水产品，也包括一些加工的农副产品，甚至把自然资源也融入其中，具体涉及各类蔬菜、水产品、乳酪、肉类、木材、肥料、温泉、雪等多类型产品。尤其是近年来，日本在发展第六产业的过程中，结合国内涌现出的新需求，不断创新推出新产品，创造新的利润增长点。如开发老年看护产品、老年功能性食品，利用秸秆进行生物质发电等。其次，在发展主体上，包括农户、农协、株式会社、生产者协会、有限责任组织等在内的主体均积极参与到六次产业的发展过程中，呈现出发展主体多元化特征。再次，日本第六产业的发展形式也十分多元化，具体包括加工、直销、出口、契约交易、观光旅游农业、网络营销及研究成果应用等，体现出不同地区有不同的产业特色，每个农户都有其独特的主导产品。

（四）发挥农协作用，保护农民利益

日本农协在大力推进第六产业发展进程中的作用功不可没。一方面是农民开展日常经营活动的指导者，在小农户与大市场对接方面发挥着“桥梁”和“支撑平台”的作用，把千家万户的零散农户与全国的大市场联系起来，覆盖到了整个农业的生产、流通、分配和销售的全过程。另一方面，日本农协还积极为农户提供金融服务，指导农户制定合理的生产经营计划，提供公共基础设施，将政府的各种补助金发放给农户或有关团体，并向政府部门反映农民在日常生产、经营中所遇到的各类问题，保护农民的利益。

为了适应日本第六产业发展的形势，日本农协相应地做出了一些调整。首先，在组织结构和人员上进一步精简。组织结构由原来的“中央农协联合会—都道府县农协联合会—区域农协组织”三层次结构精简为“中央农协联合会—都道府县农协联合会或区域农协组织”两层结构，由国家农协直接面对基层的农协组织。同时，农协人员也相应做了精简调整，主要削减了不经常参与农协运营的非常务理事和非常务监事两部分人员。而与此同时，鉴于日本老龄化和农村女性较多的现状，逐步增加了女性在农协中的作用。其次，农协的运营机制也发生了重大变化。经营管理权与所有权相分离，具有经营管理能力的高层经理人作为农协组织的实际代理人开始承担起日本农协经营决策的职责。第三，农协从农民经营组织逐步向振兴地区经济组织转变。为了能够适应第六产业的发展，农协立足于农业，其经营活动开始逐步向涉农的第二、三产业发展，以消费者所注重的食品安全、环保、高品质需求为导向，不断开发具有高附加值的农产品，最大限度地开发农业的多功能性，实现农业的可持续发展，从而促进整个地区的经济发展。

（五）注重信息搜集与交流，提供信息服务平台

日本各级政府十分注重对信息的搜集、公布与交流活动，为第六产业的发展提供信息支持。如中央政府会组织专门针对食品产业及农林水产业的实地调研活动，积极搜集农产品的产地信息，推广一二三产业深度融合的典型案例；地方政府也会提供以食品产业为核心的产地信息，为本地发展第六产业提供信息支持。另外，日本各级政府会定期或不定期地举办交流会，如全国产业集群协议会、先进事例研讨会、品牌确立研修会、技术交流会、农林水产商品展销会等，促进不同产业、不同地区从事第六产业的人群与组织之间的交流与合作，促进产品之间的交流，扩大农产品销路。

（六）注重生态环境保护，构建环境友好型现代农业

日本在发展第六产业过程中，十分注重对生态环境的保护。农林水产省把农业和农村的功能归纳为以下几个方面：粮食供应、蓄水防灾、农业生态旅游、文化传承、休闲疗养、保护自然环境及生物的多样性等。通过发展第六产业，一方面促进农产品附加值的提升，另一方面有效改善农村的自然和人居环境，并将当地的文化、自然资源与农业发展联系在一起，开发出集农业种植、旅游休闲等为一体的综合产品，如日本的富田农场、山梨县的农业旅游、片山苹果园都是日本第六产业发展过程中涌现出的优秀代表项目。同时日本政府还特别提出开展“绿色与水的环境技术革命”，通过一系列的措施，来发展环境友好型现代农业。

［点评］本案例详细地介绍了日本发展农村一二三产业融合的具体做法。从

中获取一些启示：一是要始终把农民的利益放在第一位；二是要充分发挥农业合作组织的作用，在农产品的生产、加工、流通、销售、培训等环节发挥积极作用；三是要注重对农民的培训工作，培养大批高素质农民，提高农民的收入和话语权；四是坚持发展环境友好型现代化农业；五是政府要做好补贴、法律等配套服务。

四、完善联农带农利益联结机制

（一）什么是联农带农利益联结机制

联农带农利益联结机制，指的是在产业链条的各个环节中都要充分考虑到、联系上、带动上农民的利益，通过农村一二三产业深度融合发展，让广大农民有更多、更好的机会共享增值收益，从而促进农民增收。联结模式包括“公司＋基地＋农户”“公司＋中介组织＋农户”“企业＋农户”“合作社＋农户”“家庭农场＋小农户”等。自 2015 年以来，历年中央 1 号文件均强调要建立健全联农带农利益联结机制，让普通农户、小农户有更多的获得感，带动广大农民共同富裕。

（二）完善联农带农利益联结机制的途径

1. 提高农民参与程度 鼓励广大农民以劳动、资金、产品、技术、土地等多种方式参与到乡村一二三产业融合发展过程中来。同时加强对广大农民的培训，使得农民不仅懂得农业生产种植技术，还要具备跨界合作经营的能力，具备参与到乡村一二三产业深度融合过程中的能力。此外，积极培育社会化的服务组织，为广大农民提供技术指导、产品营销、市场预测、保险购买、金融贷款等多方面社会服务，为广大农民参与到乡村一二三产业深度融合过程中创造良好的外部环境。

2. 创新收益分享模式 不断创新联农带农利益联结模式和途径，如股份合作联结、龙头企业带动联结、产业托管联结、村集体领办联结等方式，让广大的农户可以在乡村一二三产业融合的各个环节如生产、加工、流通、销售等环节中受益。通过农产品品牌创建、精深加工等方式，提升农产品的附加值，让农户获得更多的收益。鼓励涉农龙头企业、农业专业合作社、家庭农场等经营主体与普通农户确立稳定的合作关系，确保普通农户的收益。

3. 强化政策扶持引导 一是政府持续加强引导如抖音、拼多多、京东、天猫、淘宝等众多第三方网络公司，有序对接农户，提供在线学习、互动交流、成果共享和服务对接平台，让农民真正获得精准、及时、全程的优质服务。增强防范和降低风险的经验等。二是政府持续完善风险应对机制，为农户与龙头企业解决市场风险带来的问题。让农户及龙头企业积极投入农业保险，建立风险保障基金，可以从经营利润中，划出一部分资金用于风险保障基金，尽力维护农户的利益，使农户能够获得风险补偿，对于龙头企业，也稳定了其原料来源，促进农业产业化健康稳定的发展。

[**案例 2-5**]

河北承德市创新“农社企市”利益联结机制

在河北省承德市隆化县偏坡营乡靠山营村，80 后女大学生白颖辞去北京的工作返乡创业，却面临没项目、缺资金、少技术、无市场的困境。

“通过资源优势和龙头企业对接、龙头企业与合作社对接、合作社与贫困农户对接、农产品与市场对接，搭建起‘农社企市’（即“农业企业＋合作社＋农户＋市场”）利益联结共同体，才能提高经营主体带贫率，让贫困户通过产业实现稳定脱贫。”正在一筹莫展之际，承德市一次产业扶贫培训为白颖打开了一扇窗。

隆化县山清水秀、生态优良，适合种植有机蔬菜，白颖左挑右选找准了项目；没龙头企业，白颖自己成立了隆化县耀翔种养殖有限责任公司；为方便组织农户，白颖又牵头成立了隆化晨新蔬果合作社；为打开市场，白颖千方百计打开北京销售渠道，并搭起电商销售平台。

“贫困户通过‘政银企户保’申请的每户 5 万元帮扶资金可入股合作社，每年分红 3 600 元。在雇工、土地流转以及原料采购等方面，优先考虑贫困户，每户年均增收 5 000 元左右。”白颖介绍，目前，合作社共建设高标准日光温室 40 个、冷棚 30 个，社员 102 名，年产蔬菜 800 多吨，产值 480 余万元。

“今年新建的 50 多个大棚，将零租金交给贫困户种，合作社提供技术指导、负责市场销售。只有让村民得到实实在在的收益，才能保障产业持久发展。”白颖说。

近年来，通过创新“农社企市”利益联结机制，承德努力推动实现扶贫产业全覆盖。突出资源优势和龙头企业对接，努力培育壮大果、菜、牧、菌等九大特色扶贫产业，探索“以旅带农、兴旅富农”的旅游扶贫新模式，已培育龙头企业 127 家，带动 13.4 万贫困人口实现稳定增收。

突出龙头企业与合作社对接，引导农民合作社入股龙头企业，建立农业产业化联合体。目前，共创建省级农业产业化联合体14个，促进1.5万贫困群众增收；市级龙头企业60%以上订单由合作社承接，带动贫困人口8.4万人。

[点评] 河北承德女大学生白颖通过亲身实践，摸索出了“农社企市”利益联结机制，将许许多多的小农户、贫困户与大市场联结在一起，通过创新的利益联结机制，带动了一大批普通农户、贫困户脱贫致富，过上了幸福生活。这个案例真实地反映了利益联结机制的作用，就是可以带动更多的农户走上致富路、幸福路。

（案例来源：农业网，2018-08-27）

五、激发乡村创新创业活力

（一）激发乡村创新创业活力的内涵

创新创业，是围绕技术、产品、品牌、服务、商业模式、组织管理、市场渠道等方面，对其中某一点或几点的创新而进行的创业活动。创新是创业的基础和前提，创业是创新的体现和延伸。激发乡村创新创业活力，就是指多措并举鼓励和引导返乡下乡人员，按照法律法规和政策规定，结合自身优势和特长，根据市场需求和当地资源禀赋，利用新理念、新技术和新渠道，创新创业，建立合理稳定的利益联结机制，开发农业农村资源，发展优势特色产业。

2016年11月，国务院办公厅发布的《关于支持返乡下乡人员创新创业促进农村一二三产业融合发展的意见》（以下简称《意见》），专门细化和完善了相关扶持政策措施，鼓励和支持返乡下乡人员创业创新。2020年中央1号文件再次强调要“支持农村产业融合发展示范园建设，办好农村‘双创’基地”。

2016年出台的《意见》指出，乡村创新创业的主体包括：农民工、中高等院校毕业生、退役士兵和科技人员等返乡下乡人员。乡村创新创业的重点领域包括：规模种养业、特色农业、设施农业、林下经济、庭院经济等农业生产经营模式，烘干、贮藏、保鲜、净化、分等分级、包装等农产品加工业，农资配送、耕地修复治理、病虫害防治、农机作业服务、农产品流通、农业废弃物处理、农业信息咨询等生产性服务业，休闲农业和乡村旅游、民族风情旅游、传统手工艺、文化创意、养生养老、中央厨房、乡村绿化美化、乡村物业管理等生活性服务业，以及其他新产业新业态新模式。

乡村创新创业具体方式主要包括：通过承包、租赁、入股、合作等多种形式，创办领办家庭农场和林场、农民合作社、农业企业、农业社会化服务组织等新型农业经营主体。通过聘用管理技术人才组建创业团队，与其他经营主体合作组建现代企业、企业集团或产业联盟，共同开辟创业空间。通过发展乡村电商平台，利用互联网思维和技术，实施“互联网+”现代农业行动，开展网上创业。通过发展合作制、股份合作制、股份制等形式，培育产权清晰、利益共享、机制灵活的创新创业共同体。

（二）激发乡村创新创业活力的途径

1. 培育壮大乡村创新创业群体 激发乡村创新创业活力，需要有一群有能力进行创新创业的主体。国家实施乡村创新创业带头人才培育行动，培育一批在全国乡村创新创业的带头人、参与人。鼓励各类人才如农民工、大学生、退役军人、科技人员等到农村创新创业，推动乡村创新创业主体多元化。

2. 完善乡村创新创业体系 整合现有资源，在全国建设一批高标准、优服务、示范带动作用强的国家级农村创新创业示范基地、支撑服务平台，为农村创新创业提供政策、资金、法律、财务、商标、知识产权等一系列高效便捷的专业服务。鼓励涉农企业创建创新创业实训基地、众创空间等，降低普通农民的创新创业门槛。鼓励有条件的县域设立乡村创新创业“绿色通道”，为创新创业主体提供便利化的服务。通过宣传乡村创新创业典型人物、典型事例，发挥榜样作用，激发创新创业群体的内生动力。

3. 建立健全乡村创新创业机制 各级政府就市场准入、财政支持、税收政策、金融服务、用电用水、园区建设、信息服务、教育培训等方面陆续出台各项政策，为乡村创新创业人员扫清各种障碍，激发乡村创新创业活力。

［**案例 2-6**］

倒盏村以创客基地激发当地田园综合体发展活力

河南省洛阳市诸葛镇倒盏村通过发展沟域经济，发挥邻近洛阳、龙门石窟和少林寺的区位优势，利用当地丰富的民俗民风文化特色，建起了田园综合体。田园综合体内再现了古风乡韵，传统的豫西农村风格建筑错落有致，街道两旁汇集了当地传统小吃、美食、织布、石磨、榨油、铁匠铺、豆腐制作等手工作坊，真实再现了打麦场、马场、辘轳井、戏楼、茶廊等传统农耕文明和乡村生活的场景。依托当地的特色民俗文化资源，不仅吸引了南来北往的游客，也吸引了一群返乡创业的创客，形成了一个创客基地。

毕业于解放军信息工程大学的付川川，现任美丽老家旅游发展有限公司的副总经理，负责田园综合体的外联等工作，同时也参与创业，与他人合伙在田园综合体内投资建设了一个滑草项目，“这种鼓励员工投资参与项目的方式极大地激发了凝聚力和创新的活力”。

32岁的侯飞原来在市区经营餐饮店。倒盔村田园综合体建成后，他返回家乡创业，开始经营麻花、肉夹馍和手工麻球，“效益比原来在市区经营餐饮好多了”。

从河南工程学院毕业的赫连晨宇，则从倒盔村田园综合体旅游业的兴起和这里独特的沟壑地形中看到新的商机，参与创业，在倒盔沟上架起了一座玻璃桥。

除了付川川、侯飞和赫连晨宇，28岁的洛阳本地人杨莹辉也是综合体乡村旅游创客示范基地的受益者。他于2017年11月经朋友介绍前来创业，目前参与创业的项目有颠倒屋、射击场等，所有的投资只用了一年时间就全部收了回来，“现在一回村里，很多同龄人问得最多的话题就是如何来园内投资创业”。

在刘磊佳看来，只有激发大家干事创业的激情，才能给田园综合体的发展注入源源不断的活水，而且按照镇政府要求，沟域地带建设的田园综合体，也要成为创新创业的高地。因此在项目实施伊始就建立了创客示范基地，通过鼓励公司员工参与项目投资，在政策上对返乡大学生创业倾斜并进行支持引导，搭建创业平台，目前共有五六十名返乡大学生在园内成功创业。

为了给当地农民和有一技之长的人创业就业创造良好的环境，园内一方面完善基础设施，规划修建了景区道路、公厕、栈道、垃圾箱、污水处理、通信、游客集散、公共服务等配套服务设施，一方面免收游客门票和停车费以增加吸引力，并采取了对入园经营的商户前两年免收房屋租金的措施。目前进驻经营的各类商户已有200余家。免票和免租的措施短期内就吸引来了大量的商家和游客，而客流量的增加也迅速拉升了商家的交易量，有的小吃户一天的最高销售额甚至达到了9万元。同时，交易量的快速攀升又进一步激发了园内创新创业的激情和活力。

[点评] 本案例讲的是河南省洛阳市诸葛镇的倒盔村通过结合当地的区位优势和民风民俗文化特点，通过招商引资，启动了乡村振兴田园综合体项目工

程，在吸引游客的同时，也吸引了一批有识之士来到了倒盏村创新创业，带动了更多的人力、物力、财力向倒盏村汇集，激发了当地乡村活力，形成了良性循环。随着农村一二三产业深度融合的不断推进，将会有更多的有识之士来到乡村进行创新创业活动，激活乡村的各种资源，激活中国乡村的活力！

（案例来源：农民日报，2019-04-02）

模块小结

本模块主要介绍了产业兴旺的基本概念、主要内容和实现途径。产业兴旺是实现乡村振兴战略的基础支撑和首要任务，具体内容主要包括夯实农业生产能力基础、加快实施质量兴农战略、推动乡村一二三产业深度融合、完善联农带农利益联结机制、激发乡村创新创业活力五方面。推进乡村产业兴旺，确保国家粮食安全，提供丰富、安全、高质量的多元化农产品；促使更多的人力、财力、物力等生产要素向乡村聚集，壮大乡村经济实力，促进乡村一二三产业深度融合，激发乡村创新创业活力，真正实现农业强、农村美、农民富。

模块三

生态宜居

学习目标

乡村振兴，生态宜居是关键。实现生态宜居，为农民提供适宜居住的生存和发展环境至关重要。通过对本模块的学习，掌握生态宜居的基本概念、重要意义、主要内容和实现途径，明确农民在建设生态宜居乡村中的主体地位，深入理解生态宜居的重要作用。

学习重点

本模块的学习重点是生态宜居的基本概念、主要内容和实现途径，将通过案例的学习来加深认识与理解。

学习任务一　为什么要促进乡村生态宜居

党的十九大报告提出的乡村振兴的“二十字要求”，是对此前新农村建设“二十字方针”的演进和升华，将“村容整洁”提升为“生态宜居”，更凸显了生态建设和绿色发展的价值和分量，充分彰显了新时代对农业农村发展的更高要求。良好的生态环境是农村的发展优势和宝贵财富。必须尊重自然、顺应自然、保护自然，推动乡村自然资本加快增值，实现生产、生活、生态的和谐发展。

一、什么是生态宜居

生态宜居是乡村生态和乡村宜居的统一。一方面，乡村生态是通过促进人与自然和谐相处，维护山清水秀、天蓝地绿的生态环境，农民的生产生活能够与自然生态形成良性的有机循环体系，包括生产生活的投入品和废弃物不对生态环境造成破坏和污染、能够合理保护利用土地资源和水资源等，山水田林湖草系统和农民经济社会活动协调发展。另一方面，乡村宜居是从农民的生活出发，打造农民安居乐业的美丽家园，包括农村污水和垃圾处理、厕所、道路、网络等村内生活类基础设施建设和运行维护。

二、促进乡村生态宜居的重要意义

（一）生态宜居是乡村振兴战略的关键任务

乡村振兴，生态宜居是关键。良好的人居环境是广大农民的殷切期盼，良好生态环境是农村的最大优势和宝贵财富。美丽中国要靠美丽乡村打底色，恢复和提升农村生态，让农村的生态优势变成农村发展的宝贵资本。改善农村人居环境，建设美丽宜居乡村，是实施乡村振兴战略的一项重要任务，既关乎农民的钱袋子，也决定农村社会的发展。生态宜居的美丽乡村，让广大农民在乡村振兴中有更多的获得感、幸福感。树牢绿色发展理念与建设生态宜居乡村，着力发动农民参与建设治理，培育农村新型业态，激发产业内生动力，促进乡村振兴。要让老百姓种下的常青树，变成摇钱树，让更多的老百姓吃上“生态饭”“旅游饭”，让保护生态不吃亏。

（二）生态宜居是乡村生态保护的现实需要

《全国农村环境综合整治“十三五”规划》中的数据显示，我国农村环保基础设施严重不足，仍有40%建制村没有垃圾收集处理设施，78%未建设污水处理设施，40%畜禽养殖废弃物未得到资源化利用或无害化处理。农村环境“脏乱差”问题依然突出，38%的农村饮用水水源地未划定保护区或保护范围，49%的农村未规范设置警示标志，甚至一些地方农村饮用水水源存在安全隐患。农村每年产生超过90亿吨生活污水和2.8亿吨生活垃圾，大量污水没有经过有效处理，随意排放，造成严重的环境污染。必须转变发展思路，加强农村资源环境保护，保护好绿水青山和清新清净的田园风光。推行绿色发展方式和生活方式，让生态美起来、环境靓起来，再现山清水秀、天蓝地绿、村美人和的美丽画卷。

（三）生态宜居是城乡融合发展的内在要求

城市和乡村是联动的共同体，城镇化离不开农业农村的现代化，农村现代化也离不开城镇化的持续推进，建设生态宜居的美丽乡村是实现城乡融合发展的内在要求。农村环境直接影响农产品安全和人居环境健康，直接关系到城乡居民的米袋子、菜篮子、水缸子、城镇后花园。要持续开展农村人居环境整治行动，实现全国行政村环境整治全覆盖，基本解决农村的垃圾、污水、厕所问题，打造美丽乡村，为老百姓留住鸟语花香田园风光。

学习任务二　生态宜居的具体内容和实现路径

建设生态宜居乡村主要包括三个方面：树立生态文明理念、推进农业绿色发展、改善农村人居环境。首先要树立好正确的生态环境观念，切实理解“绿水青山就是金山银山”的道理，保护好身边的山川、河流、土壤、动物、植物等人类赖以生存的自然资源和环境。其次要积极坚持农业的绿色和可持续发展，坚决不能走“先污染，后治理”的路子，使得农业生产和生态资源环境相适合，农业生产和周边的一草一木相适应，发展低能耗、节水、减药减肥的农业绿色发展模式。最后打造整洁、便利、归属感高、幸福感强的乡村家园，整洁的村容村貌，便利的交通、水利、网电设施，让农民走在村里，生活在家里，看到哪里都特别舒服和敞亮。

一、树立生态文明理念

（一）什么是生态文明理念

生态文明是在尊重和维护自然的基础上，建立人与人、人与自然、人与社会和谐的发展关系，引导可持续的生产方式和消费方式。树立生态文明理念，理解经济社会发展和生态环境保护应当协调发展，决不能“先污染，后治理”，以资源和环境为代价的经济发展方式不能持续。坚持“绿水青山就是金山银山”的绿色发展理念，良好的生态环境是农村最大的优势和宝贵财富。要守住生态保护红线，推动乡村自然资本加快增值，让良好生态成为乡村振兴的支撑点。把该减的化肥农药减下来，该退出的过度耕作和过度放牧的区域退出来，该治理的环境污染水土退化等问题治理到位。农村生态环境好了，土地上就会长出金元宝，生态就会变成摇钱树，田园风光、湖光山色、秀美乡村就可以成为聚宝盆，生态农业、养生养老、森林康养、乡村旅游就会红火起来。

党的十八大强调，“必须树立尊重自然、顺应自然、保护自然的生态文明理念”，指出“建设生态文明，是关系人民福祉、关乎民族未来的长远大计”。

2015年，中共中央、国务院发布《关于加快推进生态文明建设的意见》，并把生态文明建设写入国家五年规划。党的十九大强调，“生态文明建设功在当代、利在千秋”。

（二）推进生态文明建设的具体途径

1. 完善制度政策，促进自然恢复 保护生态环境，宜林则林、宜草则草、宜荒则荒。在重要的生态功能区采用“退人工用材林和经济林还生态林”的做法。封山育林、草地封育，促进自然恢复。政府的工作重点是完善最严格的耕地保护制度、水资源管理制度、环境保护制度，建立市场化、多元化生态补偿机制，让保护生态环境不吃亏并得到实实在在的利益，让农民成为绿色空间的守护人。

2. 统筹生态工程，推进区域涵养 政府正在以重要的生态功能区与生态安全屏障区为重点，编制统一的国家生态保护与建设规划，统筹区域重大生态保护与恢复工程。推进中东部地区重大生态保护与修复工程，加强我国东南部和南水北调中线重要水源涵养区、生物多样性保护优先区的生态恢复。减少重点生态保护地区的人口压力，降低当地农牧民对生态系统的不合理利用和经济依赖性。

3. 增强城乡规划，促进城镇健康发展 人口资源环境相均衡、经济社会生态效益相统一，控制开发强度，调整空间结构。强化城镇生态安全意识和要求，严格控制城镇规模无序扩张，提高城镇化过程中土地与资源利用的效率，预防城镇化对生态环境的破坏，避免走“先破坏、后修复”的道路，给自然留下更多修复空间，给农业留下更多良田，给子孙后代留下天蓝、地绿、水净的美好家园。

4. 推进流域管理，保障可持续发展 针对流域生态环境恶化，生态安全形势严峻的局面，综合协调流域资源环境承载力、产业布局、城镇化格局和生态环境保护等方面的关系，推进流域综合生态管理。政府正在积极启动长江、黄河和海河等重点流域生态安全对策研究，重点开展流域生态调查、生态风险评估、生态保护与建设等工作，制定流域生态环境修复与综合治理规划。有序实现河湖休养生息，让河流恢复生命、流域重现生机。

5. 增强科技支撑，转变发展方式 国家在生态保护与恢复方面持续加大科技投入，提升科技支撑能力，推动节约集中利用资源，大幅降低能源、水、土地消耗强度，提高利用效率和效益。以技术支持节能低碳产业和新能源、可再生能源发展，确保国家能源安全。各级政府积极提升农业技术研发和推广，完善农业节水、节肥、节药，鼓励畜禽粪便资源化，发展生态循环农业。

［**案例 3-1**］

河北省承德市生态系统优化的实践

河北省承德市在全国率先制定了《承德市山水林田湖草生态保护修复条例》，紧紧围绕“建设京津冀水源涵养功能区”战略定位，打造一批生态修复重点工程，推动技术平台和模式创新。

坚持把“山水林田湖草是一个生命共同体”理念贯彻试点工作全过程，进行整体保护、系统修复、综合治理。全面提升水源涵养和防风固沙两个功能，针对水源源头和土地沙化退化严重地区，统筹山水林田湖草系统治理。以修复建设“环北京潮河流域生态保护修复、坝上及滦河流域湿地草地生态保护修复、重要交通沿线损毁矿山治理修复”三大重点片区为主要抓手，逐步推动全域生态保护修复工程全覆盖。同时开展流域、生态保育、生物多样性、矿山生态、地灾、土地等方面的生态保护修复与综合整治，实现生态环境质量明显改善，水源涵养和防风固沙功能显著提升。一是以潮河、滦河及主要支流等流域为重点开展流域生态保护修复与综合整治；二是保护修复森林、草原、湿地生态系统，推进重要生态系统保育和生物多样性保护；三是以重要生态功能区及居民生活区历史遗留矿山治理为重点，强化矿山生态修复与地质灾害防治；四是开展土壤污染生态修复试点示范，巩固坝上地区防风固沙功能。

组建市级山水林田湖草系统治理机构，建立健全协调联动机制、流域上下游生态补偿机制、生态脱贫长效机制、资金筹措机制、奖惩机制等。创新和搭建全国领先的生态保护修复关键性技术和平台。探索“生态-脱贫-旅游”深度融合的“绿色＋”治理模式。注重生态优势与脱贫攻坚、旅游发展的深度融合，打造承德“绿色＋”山水林田湖草系统治理模式。

［**点评**］承德市的生态系统优化方案抓住了一个中心和两个功能。一个中心是“山水田林湖草共同体”，保护生态环境，要把各个组成部分看成一个整体系统。两个功能定位准，分别是提升水源涵养和防风固沙。另外，理解和认识生态优势可以和脱贫攻坚、旅游发展和水源涵养等相结合也非常重要。自觉保护生态环境不吃亏：一方面有生态补偿政策支持，另一方面老百姓种下的常青树，通过特色产业和优质产品，切实变成摇钱树，实现生态优势转化。

（案例来源：王波，王夏晖，张笑千，2018）

二、推进农业绿色发展

（一）什么是农业绿色发展

绿色农业，以生态环境友好和资源永续利用为导向，推动形成农业绿色生产方式，实现投入品减量化、生产清洁化、废弃物资源化、产业模式生态化，提高农业可持续发展能力。

以绿色发展引领乡村振兴是一场深刻革命。经过长期发展，我国耕地开发利用强度过大，一些地方地力严重透支，水土流失、地下水严重超采、土壤退化、面源污染加重已成为制约农业可持续发展的突出矛盾。2015 年，《农业部关于打好农业面源污染防治攻坚战的实施意见》提出了“一控两减三基本”（严格控制农业用水总量，减少化肥、农药使用量，地膜、秸秆、畜禽粪便基本资源化利用）的工作目标。2016 年，《全国农业现代化规划（2016—2020 年）》提出绿色兴农的理念，将“补齐生态建设和质量安全短板，实现资源利用高效、生态系统稳定、产地环境良好、产品质量安全”作为农业绿色发展的要求。2017 年，《关于创新体制机制推进农业绿色发展的意见》构建农业绿色发展制度体系，为农业绿色发展支持政策体系构建了基本框架。依据法律法规和政策文件，启动实施畜禽粪污资源化利用行动、果菜茶有机肥替代化肥行动、东北地区秸秆处理行动和农膜回收行动等农业绿色发展重大行动，着力解决农业农村环境突出问题。

（二）推进农业绿色发展的具体途径

1. 推广绿色农业技术　《农业绿色发展技术导则（2018—2030 年）》明确了农业产前、产中、产后各个环节需要研发和推广的绿色投入品、技术模式和标准规范等。一是研制绿色投入品，包括高效优质多抗新品种、环保高效肥料、农业药物与生物制剂、节能低耗智能化农业装备等；二是研发绿色生产技术，包括耕地质量提升与保育技术、农业控水与雨养旱作技术、化肥农药减施增效技术、农业废弃物循环利用技术、农业面源污染治理技术、重金属污染控制与治理技术、畜禽水产品安全绿色生产技术、水生生态保护修复技术、草畜配套绿色高效生产技术等；三是发展绿色产后增值技术，包括农产品低碳减污加工贮运技术、农产品智能化精深加工技术等；四是创新绿色低碳种养结构与技术模式，包括作物绿色增产增效技术模式、种养加一体化循环技术模式等；五是绿色乡村综合发展技术与模式，包括智慧型农业技术模式、乡村人居环境治理技术模式等；六是加强农业绿色发展基础研究，主要包括重大基础科学问题研究和颠覆性前沿技术研究等；七是完善绿色标准体系，包括农业资源核算与生态功能评估技术标准、农业投入品质量安全技术标准、农业绿色生产技术标准、农产品质量安全评价与检测技术标准、农业资源与产地环境技术标准等。鼓励农民积极学习、掌握和运用绿色农业技术。

2. 推进绿色农产品生产 绿色农产品生产是按照生态规律进行各种农业资源的可持续性开发与保护，保持和实现农业生态系统的良性循环，达到农业资源的可持续利用。绿色农产品生产与一般农产品生产有着本质的区别。一是追求目标的不同。一般农产品生产的目标只局限于社会经济的最快速发展，不考虑自然资源的有限性与稀缺性；而绿色农产品生产则把经济发展与生态环境质量的提高、自然资源的保护与增值联系起来，追求二者的统一与协调发展。二是采用生产技术的不同。单一追求利润最大化的一般农产品生产，技术多具有短期性、掠夺性；而绿色农产品生产则以可持续发展为核心，因而更乐于接受具有长期效益的绿色农业生产技术，技术一般具有节约、清洁、无污染的特点。三是生产产品的不同。从使用价值上看，绿色农产品除了具有经济效用，而且还具有在维持和保护、修复和建设生态环境上的有用性；从价值上看，绿色农产品比普通农产品具有更高的价值。绿色农产品生产以生态环境友好和资源永续利用为导向，推动形成农业绿色生产方式，实现投入品减量化、生产清洁化、废弃物资源化、产业模式生态化，提高农业可持续发展能力。由于对环境污染、食品安全问题的普遍关注，绿色农业生产作为现代农业发展的一种新模式，成为实现农业与农村可持续发展的必然选择。

3. 构建绿色农产品市场 绿色农产品与功能相同的普通产品相比较而言，具有资源消耗少、废弃物少、对人体无害或危害小等特点。一般而言，消费者愿意优先购买绿色农产品，并且一大部分人愿意支付更高的价格购买绿色农产品。政府持续开展以“绿色、有机、地理标志”等为重要内容的市场构建引导，不断强化农产品质量安全认证机构监管和认证过程管控。我国绿色食品自1990年经国务院批准、由农业部推出以来，每年以20%～25%的速度持续增长。绿色农产品产业的快速健康发展，提高了农产品内在质量安全，为广大消费者提供了优质、安全、健康的食品，增强了我国农产品企业国际市场竞争力，并且带动了一大批农户依托绿色食品产业创收增收。鼓励农民参与绿色生态农产品的种植和生产，提高绿色农产品质量和品质的同时，获得市场溢价，提高收入。

［**案例 3-2**］

四川省江安县的“全过程”绿色农业发展新模式

四川省宜宾市江安县坚持围绕“走产村相融道路，创绿色农业典范，建幸福美丽新村”思路，推进麻衣坝现代农业综合改革试验示范区建设，形成了“管理、设施、产业、资源、销售”全过程引领的绿色农业发展新模式。

第一，标准化的管理模式，提升农产品质量。引进现代农业发展公司，建成 2 000 余亩特色种植基地；建立绿色农产品质量可追溯体系和安全检验检测体系，确保农产品质量安全；推进生猪标准化养殖，制定并实施科学规范的饲养管理流程，建成存栏种猪 5 000 余头、年产仔猪 10 万头的大型养殖场及家庭代养场。

第二，现代化的生产设施，提高农业生产效率。示范区积极建设“田、路、水、电、管”五网配套体系，新建高标准农田 2 000 亩，道路 13.8 千米，排渠 4.6 千米，种养循环管网 12 千米，喷灌头 10 万个，并配套农产品产业服务中心和生猪养殖智能化的流水线设施。基于现代化的农业生产设施，生产基地大力推广育苗、机播机收、节水喷灌，提高农业生产效率。

第三，专业化的产业分工，带动农户就业增收。依托龙头企业，推广“企业带动、农户参与、协会统筹、金融服务、保险兜底、政府扶持”六方合作机制，形成生产车间集群，实现专业化发展。按“规划布局、培训指导、物料供应、防疫、生产管理、销售回收”的“六统一”模式，带动发展蔬菜种植和生猪养殖家庭农场。供港蔬菜、生猪产业化这两个产业项目，直接解决了当地 1 000 余人就业，带动 600 户以上的农户致富，间接带动 2 000 余户农户增收，户均增收上万元。

第四，循环化的资源利用，促进生态和产业互动。通过推进分级粪池、高位沼液池、灌溉管网的建设，形成“猪-沼-菜（果）”生态循环产业模式，解决了生猪粪污变废为宝的难题，带动生态农业模式形成。同时，沼气可用于发电，为示范园区生产生活提供便利，促进了“生猪产业-生态农业-新能源产业”的大循环互动，有力地促进了农业增产增收。

第五，国际化的产品销售，开拓地区合作市场。示范区建立的供港蔬菜基地，产品经过层层分级、严格检测，在香港、广东市场形成“错峰销售”，并不断加强市场开拓，实现了蔬菜直供韩国、新加坡市场，每年可实现销售收入 5 000 万元。此外，还加强与俄罗斯、欧盟等国家和地区的交流合作，着力推动生猪产业国际化发展。

[点评] 四川省江安县提出了农业绿色发展的几种模式，值得借鉴。主要模式包括：种养产品标准化、建设高标准农田和农业机械化、新型经营主体带动农户、循环农业示范区建设、打通产品的国外销路。推动农业绿色发展要善于根据本地实际情况拓展新模式，比如江安县大力发展休闲观光农业、生态文化旅游产业，以橙花岛国际旅游度假区、麻衣现代农业公园、花海民居等项目为引领，重点打造自然生态游、乡村度假游、水上休闲游、民俗文化游等，形成具有江安特色、彰显文化内涵的旅游品牌，实现生态旅游、创意农业、特色农产品、农耕文化有机结合、共生共荣，助推江安现代农业绿色发展。

（案例来源：江安县农业局，http：//nynct.sc.gov.cn/xwdt/sxlb/201902/t20190218_361189.html）

三、改善农村人居环境

（一）什么是农村人居环境

农村人居环境由农村自然环境、社会环境和人工环境共同组成，是对农村的生态、环境、社会等各方面的综合反映。改善农村人居环境，是实施乡村振兴战略的重点任务，也是农民群众的深切期盼。要加强农村突出环境问题综合治理，完善农村生活设施，打造农民安居乐业的美丽家园，让良好的生态成为乡村振兴的支撑点。

2014 年，国务院出台《关于改善农村人居环境的指导意见》，提出改善全国农村居民住房、饮水和出行等基本条件，建成一批各具特色的美丽宜居村庄。2018 年 2 月，《农村人居环境整治三年行动方案》正式公布，聚焦农村生活垃圾、生活污水治理和村容村貌提升等重点领域，《农业农村污染治理攻坚战行动计划》提出，到 2020 年，实现“一保两治三减四提升”。其中，一保和两治直接针对农村人居环境治理，即保护农村饮用水水源，农村饮水安全更有保障；治理农村生活垃圾和污水，实现村庄环境干净整洁有序。2020 年中央 1 号文件指出，继续扎实农村环境整治。“十四五”规划把城乡人居环境明显改善作为经济社会发展主要目标。

（二）改善乡村人居环境的具体途径

1. 坚持科学规划 基于乡村的差异性和多元化，各地政府积极因地制宜做好农村人居环境建设规划和示范村专项发展规划，做到“无规划不建设”。做好整体谋划的同时坚持“系统整治、逐步推进”的原则，针对经济基础薄弱的村庄，首要规划完善村民住房、道路等基础设施，建设配套的公共服务体系，推动基础设施的提档升级；对基础设施相对完善的村庄，规划突出环境整治目标，加大村庄绿化建设与农村污水治理的力度；对人居环境发展相对充分的村庄，规划应以村庄环境美化为重点，全面提升人居环境质量。压实县级主体责任，从农村实际出发，重点做好垃圾污水处理、厕所革命、村容村貌提升，注重实际效果，注重同农村经济发展水平相适应，同当地文化和风土人情相协调。

2. 强化统筹协调 农村人居环境建设是一项系统性工程，包括用地规划、住宅建设、环境管理等多方面任务。政府部门作为农村人居环境建设的投入主体和责任主体，工作的重点是按照乡村振兴战略规划部署，加大美丽宜居乡村建设的资源整合力度，负责统筹各类进村建设性项目。实施乡村记忆工程，加大对历史文化名村、传统古村落的保护力度，健全传统村落挂牌保护制度，保留传统特色乡村。支持民间团体组织举办农村文明建设活动，逐步引导农民基于“共同建设、共同受益”的原则参与农村人居环境建设。推进集聚类农村新型社区建设，打造一批具有典型示范作用的美丽乡村示范村。

3. 实施奖励机制 充分发挥财政资金的引导作用，基于农村地区别具特色的自然风光、山水资源和乡村文化，在保护传统文化的基础上实施奖励机制，通过“以奖代补”“以奖促治”等方式，对农村宜居示范社区和符合美丽乡村建设标准的地区进行奖励或补贴。同时，增设环境补贴政策，通过直接补贴等方式对采用农村卫生厕所、生活垃圾无害化处理和生活污水集中处置等生活方式的农户进行补贴，逐步完善以农民筹资投劳为主，政府奖补为辅的农村公益事业建设机制，强化农民生态环境保护的意识，提升农民参与人居环境建设的积极性。完善农民培训补贴政策，支持、鼓励村民参与农业法律法规、生活污染治理等培训活动，发挥教育的渗透性作用，塑造村民环保型生产、生活方式。

4. 加强环境监管 现阶段，我国农村地区人居环境的管理基础较为薄弱，农村环境保护法律法规及标准体系不完善，环境监管体系不健全，进一步加大了农村环境污染控制的难度，环境保护监督管理仍是突出短板。为解决环境监管部门分割、职能交叉等问题，我国积极推动行政管理体制改革。2018 年 4 月，生态环境部正式挂牌，强化了生态环境监管职能，对进一步推动我国美丽乡村建设具有重要意义。应进一步探索“政府支持、村民自治、市场化运作”相统一的农村环保设施管理模式。坚持“建管并重”，建立道路、排水等公共设施长期监管养护机制，培育一批专业管护人员。鼓励农民积极参与人居环境治理，大家动手搞清洁、搞绿化、搞建设、搞管护，形成持续推进机制。

5. 完善投资方式 目前我国农村人居环境建设缺乏资金支持，市场化机制难以建立。各地政府积极探索进一步完善“政府主导、村民参与、社会支持”的多主体投入机制。设置农村人居环境建设专项资金，建立差异化公共财政投入机制，依据各地农村经济社会发展程度与基础设施现状，因地制宜配置财政资源，进一步改善各农村地区人居环境发展不均衡的现状。同时，探索政府和社会资本合作模式，通过特许经营、承包、采购等方式引导社会资本投入农村人居环境建设。建立财政补贴和农户付费合理分担机制，实施生活垃圾污水处理农户付费制度。

［**案例 3-3**］

浙江“千村示范、万村整治”工程获联合国“地球卫士奖”

自 2003 年 6 月，浙江以农村生产、生活、生态的“三生”环境改善为重点，启动“千村示范、万村整治”工程（以下简称“千万工程”）。浙江在推进生态文明建设的努力和成效得到国际社会认可，荣获“2018 地球卫士·行动与激励奖”。

“千万工程”目标是花 5 年时间，对 1 万个左右的行政村进行全面整治，并把其中 1000 个左右的中心村建成全面小康示范。工程分为三个阶段：2003—2007 年是示范引领阶段，以农村道路、垃圾、污水、厕所和绿化为重点，对 1 万多个建制村率先推进了设施建设和环境整治的示范工程；2008—2012 年为整体推进阶段，对生活污水、畜禽粪便、化肥农药等面源污染整治等重点环节和农房改造建设以及村容村貌等进行整体提升；2013 年以来进入深化提升阶段，针对重点难点环节，深化提升，包括启动农村生活污水治理攻坚、农村生活垃圾分类处理试点、历史文化村落保护利用工作，美丽乡村创建全面铺开。

截至 2017 年底，累计有 97%的建制村完成村庄整治建设；74%的农户厕所污水、厨房污水、洗涤污水得到有效治理；生活垃圾集中收集、有效处理的建制村全覆盖，41%的建制村实施生活垃圾分类处理。此外，“千万工程”还注重把环境整治和农民增收结合起来。许多村开辟了绿色农产品、手工艺品等绿色产业，并借助互联网电商平台销售。把农村的生态环境转化成旅游资源，培育农家乐休闲旅游点，吸引来自五湖四海世界各地的游客。

通过“千万工程”，浙江把“农村美”和“农民富”有机统一起来，是

"绿水青山就是金山银山"理念在基层农村的成功实践。

（案例来源：中国新闻网）

［点评］ 浙江省10多年来久久为功，扎实推进"千万工程"，造就了万千美丽乡村，取得了显著的成效。农村人居环境治理就是要因地制宜、精准施策，浙江省从示范引领，到整体推进，再到深化提升，多年持续推进农村环境问题治理、基础设施建设和村容村貌改善，并将农村人居环境整治和生态产业发展有机集合。实现了农村美和农民富的统一，提升了广大农民的获得感和幸福感。

［案例3-4］

贵州规划引领农村人居环境治理

贵州省以"规划编制先行、难点分类突破、加大公共投入"为抓手，加大农村人居环境整治工作力度，加快建设基础设施和公共服务设施，农村人居环境不断得到整体改善。

第一，规划编制先行。出台《贵州省传统村落保护和发展条例》《贵州省村庄风貌指引导则》《贵州省农房风貌指引导则》等，突出"一村一品""一村一景""一村一韵"，对村庄建筑风格、乡土风情、村落风貌、田园风光、特色产业等进行个性化指导。全面加快村庄规划编制进度，规范乡村建设规划许可和宅基地审批、农民建房管理工作。截至2018年，已完成86个县（市、区、特区）县域乡村建设规划编制，村庄规划编制覆盖率达94%以上。

第二，难点分类突破。一是垃圾处理。建立县城周边"村收镇运县处理"、乡镇周边"村收镇运片区处理"和边远乡村"就近就地生态环保处理"的垃圾收运处理体系。湄潭县、西秀区、麻江县列为全国第一批农村生活垃圾分类和资源化利用示范县。二是污水治理。编制实施《贵州省乡村污水治理三年推进方案（2018—2020年）》，推广海绵村庄生态建设理念，成片连村实施水生态系统和水环境治理。2017年底已实施农村污水处理设施项目4760个，六盘水市钟山区被评为全国第一批农村污水全面治理示范县。三是厕所革命。印发《贵州省推进"厕所革命"三年行动计划（2018—2020年）》，建成或改造农村户用卫生厕所，力争实现行政村公共厕所全覆盖。截至2018年6月，全省农村户用厕所建设改造完成37.43万户，全省新建、改建村级公共卫生厕所3231个。

第三，加大公共投入。在道路硬化、基础设施修缮、配套设施建设方面加大公共投资。全省道路硬化已开工建设项目7.6万千米，建成5.39万千米，完成投资334.6亿元，各地传统村落已建成生活污水治理设施439个、给排水设施457个，修缮传统建筑8 312栋，安排1.5亿元全覆盖支持建设消防设施。

（案例来源：中国农业新闻网）

[点评] 贵州省对农村人居环境整治和建设，重点着力于三个方面：一是个性规划。对农村人居环境的设计和规划，要结合村庄建筑风格、乡土风情、村落风貌、田园风光、特色产业等，切忌千篇一律的图纸。二是突出重点问题整治。抓住每个村庄人居环境的最突出的问题，比如生活垃圾处理和分类、生活污水治理和水系统建立、厕所革命，从而有的放矢，有效率地解决农民人居环境的关键问题。三是完善公共服务。提高乡村公共基础设施的提供，包括路、电、水、暖、气、网等，基础设施的完善是乡村生活的基本保障。

模块小结

本模块主要介绍了生态宜居的基本概念、主要内容和实现途径。生态宜居是实现乡村振兴的关键，具体内容主要包括树立生态文明理念、推动农业绿色发展、改善农村人居环境三方面。生态宜居是乡村生态与乡村宜居的有机统一，是乡村振兴战略的关键内容，也是乡村生态保护的现实需要和城乡融合发展的内在要求。

模块四
乡风文明

学习目标

乡村振兴，乡风文明是保障。通过本模块的学习，了解乡风文明的基本内涵、主要内容，并结合具体案例，掌握推动风文明建设的实现路径。

学习重点

本模块的学习重点包括乡风文明的内涵，以及加强农村思想道德建设、弘扬中华优秀传统文化、加强公共文化服务供给等三方面实现路径，将通过案例的学习来加深认识和理解。

学习任务一　什么是乡风文明

乡风文明，是以社会主义核心价值观为引领，以传承发展中华优秀传统文化为核心，通过建设乡村公共文化服务体系，培育文明乡风、良好家风、淳朴民风，推动乡村文化振兴，建设邻里守望、诚信重礼、勤俭节约的文明乡村。

具体而言，乡风文明是持续推进农村精神文明，提升农民精神风貌，倡导科学文明生活，不断提高乡村社会文明程度。深入挖掘农耕文化蕴含的优秀思想观念、人文精神、道德规范，在保护传承的基础上，创造性转化、创新性发展，不断赋予时代内涵、丰富表现形式。推动城乡公共文化服务体系融合发展，增加优秀乡村文化产品和服务供给，活跃繁荣农村文化市场。

学习任务二　乡风文明的具体内容和实现路径

推动乡风文明，需要从加强农村思想道德建设、弘扬中华优秀传统文化、加强公共文化服务供给三方面入手，不断提高乡村社会文明程度。

一、加强农村思想道德建设

中共中央、国务院印发的《乡村振兴战略规划（2018—2022年）》明确提出，加强乡村思想道德建设，持续推进农村精神文明建设，提升农民精神风貌，倡导科学文明生活，不断提高乡村社会文明程度。2020年11月通过的《中共中央关于制定国民经济和社会发展第十四个五年规划和二〇三五年远景目标的建议》把“推进公民道德建设，提高社会文明程度”作为重要目标任务。习近平总书记也指出“国无德不兴，人无德不立”，要加强乡村思想道德建设，深入挖掘乡村熟人社会蕴含的道德规范，结合时代要求进行创新，强化道德教化作用，引导农民爱党爱国、向上向善、孝老爱亲、重义守信、勤俭持家。因此，乡村思想道德建设对于促进乡风文明有重要作用。

1. 践行社会主义核心价值观 社会主义核心价值观与中华优秀传统文化相承接，是加强农村思想道德建设的重要指引。以农民群众喜闻乐见的方式，深入开展习近平新时代中国特色社会主义思想学习教育，大力弘扬民族精神和时代精神。加强爱国主义、集体主义、社会主义教育，深化民族团结进步教育。在乡村深入开展“听党话、感党恩、跟党走”宣讲活动。要通过理想信念教育，深化中国特色社会主义和中国梦宣传教育，提高农民的政治觉悟与爱国热情，形成团结奋斗的强大精神力量，使农民在增进社会团结、和谐发展中进步。

2. 倡导诚信道德规范 深入实施公民道德建设工程，推进社会公德、职业道德、家庭美德、个人品德建设，激励人们向上向善、孝老爱亲、忠于祖国、忠于人民。推进诚信建设，强化农民的社会责任意识、规则意识、集体意识和主人翁意识。建立健全农村信用体系，完善守信激励和失信惩戒机制。弘扬劳动最光荣、劳动者最伟大的观念。弘扬中华孝道，强化孝敬父母、尊敬长辈的社会风尚。广泛开展好媳妇、好儿女、好公婆等评选表彰活动，开展寻找最美乡村教师、医生、村干部、人民调解员等活动。充分利用村院围栏、文化广场、村广播站等硬件设施，组织开展“文明风尚进农家”“法律法规进农家”等宣传活动。深入宣传道德模范、身边好人的典型事迹，建立健全先进模范发挥作用的长效机制。通过规则与制度的完善，推进农村诚信建设，强化农民的社会责任意识、规则意识、集体意识。

［**案例 4-1**］

华西村的诚信建设

江苏省江阴市华西村在老党委书记吴仁宝的带领下，20 世纪 80 年代末成立了“精神文明开发公司”，专门开发精神文明。“精神文明开发公司”选拔出办事公道、作风正派的党员干部，并从村办企业聘请信息员，灵活开展诚信建设工作。还提出“六爱”教育：爱党爱国爱华西、爱亲爱友爱自己。同时为了营造良好的氛围，华西村开办管理、外语及冶金等多方面的培训班，并聘请有关专家和教授进行授课培训，不断提高华西村村民的综合素质。

为建立良好的信誉，华西村提出了“六诚信”的村规：对党诚信、对国家诚信、对集体诚信、对亲人诚信、对朋友诚信、对自己诚信；同时在定计划、制规划时，充分考虑村民的实际情况，做到切实可行，不断取信于民。在对待客户方面，实行“三真”原则：说真话、售真货、定真价。此外还建立了奖惩机制，对举报华西村企业不讲信誉且情况属实的，奖励 1 万元人民币。华西村的诚信建设不仅体现在制度化的村规民约与企业章程中，还通过常态化的文化宣传，如《诚信典范》《诚信赞歌》《和谐华西》等自编自演的文艺演出剧目，使诚信等美德深入人心。

［**点评**］该案例讲述了华西村的诚信建设，华西村主要通过两条途径推动诚信建设：一是通过村规民约与企业章程，把诚信建设制度化；二是通过多种方式进行宣传教育，使诚信理念深入民心。华西村通过推动诚信建设不但富了口袋，也富了脑袋，也给华西人打上了守法、守约、守信誉的烙印，实现了经济效益和社会效益的有机统一。

［**案例 4-2**］

传统美德与社会主义核心价值观相融合促进乡风文明建设

浙江省淳安县枫树岭镇下姜村将优良的传统美德与社会主义核心价值观相融合，把“48 字祖训”提炼为符合时代精神的家规家训，开展家规家训上墙活动，在门庭、中堂等显要位置展示出来，用良好的家风促进乡风文明建设。

在宣传方面，为了让村规民约“接地气”，下姜村以“漫画体”形式把村规民约画上墙。此外，还将宣传活动与村民日常生产、生活相融合，例如，把优秀文化精神和农村常见陋习在村中设立的法治广场展示；围绕村庄农家乐、民宿等营业主经营过程中经常遇到的矛盾纠纷，不定期组织有针对性、实用性强的专题培训，提高村民法制意识，提升乡风文明建设。在执行方面，充分发挥党员和村民代表的带头作用，下姜村出台了《下姜村党员守则》，党员和村民代表带头签订守约承诺，明确党员干部要带头执行村规民约，不违反规章制度，发挥党员和村民代表的带头作用，引导村民树立良好的乡风意识。

[点评] 该案例讲述了下姜村将优良的传统美德与社会主义核心价值观相融合推动乡风文明建设，主要通过三条路径：一是把传统美德与社会主义核心价值观相结合，制定出“老一辈记得住、年轻人能接受”的村规民约；二是宣传方式与村民日常生产、生活相结合；三是发挥党员和村民代表的带头作用。下姜村充分发挥传统文化的作用，与时俱进加强村民思想道德建设，推进乡风文明。

二、弘扬中华优秀传统文化

习近平总书记强调，要深入挖掘、继承、创新优秀传统乡土文化。要让有形的乡村文化留得住，充分挖掘具有农耕特质、民族特色、地域特点的物质文化遗产，加大对古镇、古村落、古建筑、民族村寨、文物古迹、农业遗迹的保护力度。农耕文化是我国农业的宝贵财富，是中华文化的重要组成部分，不仅不能丢，而且要不断发扬光大。2018 年中央 1 号文件提出，要立足乡村文明，汲取城市文明及外来文化优秀成果，在保护传承的基础上，创造性转化、创新性发展，切实保护好优秀农耕文化，划定乡村建设的历史文化保护线。2020 年中央 1 号文件还提出，实施乡村文化人才培养工程，支持乡土文艺团组发展，扶持农村非物质文化遗产传承人、民间艺人收徒传艺，发展优秀戏曲曲艺、少数民族文化、民间文化；保护好历史文化名镇（村）、传统村落、民族村寨、传统建筑、农业文化遗产、古树名木等。

1. 保护利用乡村传统文化 实施农耕文化传承保护工程，深入挖掘农耕文化中蕴含的优秀思想观念、人文精神、道德规范，充分发挥其在凝聚人心、教化群众、淳化民风中的重要作用。加大农村地区文化遗产遗迹保护力度，划定乡村建设的历史文化保护线，保护好文物古迹、传统村落、民族村寨、传统建筑、灌溉工程遗产。传承传统建筑文化，使历史记忆、地域特色、民族特点融入乡村建设与维护。支持农村地区优秀戏曲曲艺、少数民族文化、民间文化等传承发展。

完善非物质文化遗产保护制度，实施非物质文化遗产传承发展工程。实施乡村经济社会变迁物证征藏工程，鼓励乡村史志修编。

2. 重塑乡村文化生态 紧密结合特色小镇、美丽乡村建设，深入挖掘乡村特色文化符号，盘活地方和民族特色文化资源，走特色化、差异化发展之路。以形神兼备为导向，保护乡村原有建筑风貌和村落格局，把民族民间文化元素融入乡村建设，深挖历史古韵，弘扬人文之美，重塑诗意闲适的人文环境和田绿草青的居住环境，重现原生田园风光和原本乡情乡愁。引导企业家、文化工作者、退休人员、文化志愿者等投身乡村文化建设，丰富农村文化业态。

3. 发展乡村特色文化产业 要把保护和开发利用有机结合起来，把我国农耕文明优秀遗产和现代文明要素结合起来，赋予新的时代内涵，积极推动传统农耕文明创造性转化、创新性发展，让中华优秀传统文化生生不息，让我国历史悠久的农耕文明在新时代展现其魅力和风采。加强规划引导、典型示范，挖掘培养乡土文化本土人才，建设一批特色鲜明、优势突出的农耕文化产业展示区，打造一批特色文化产业乡镇、文化产业特色村和文化产业群。大力推动农村地区实施传统工艺振兴计划，培育形成具有民族和地域特色的传统工艺产品，促进传统工艺提高品质、形成品牌、带动就业。积极开发传统节日文化用品和武术、戏曲、舞龙、舞狮、锣鼓等民间艺术、民俗表演项目，促进文化资源与现代消费需求有效对接。推动文化、旅游与其他产业深度融合、创新发展。

[**案例 4-3**]

湖北省恩施州加强传统村落保护与发展

湖北省恩施州采取多种举措加强传统村落保护与发展，取得了显著成效。

一是积极开展传统村落保护与发展各项工作。以开展少数民族特色村寨保护与发展试点工作为契机，将一部分属于少数民族特色村寨的传统村落列入试点范围，通过加大专项资金投入，在保护传统文化、发展特色产业方面取得了显著成效，推动了传统村落的保护与发展。二是加强传统村落保护与发展地方立法。2018 年 5 月以来，恩施州人大常委会将《恩施州传统村落和少数民族特色村寨保护与发展条例（草案）》（简称《条例》）列入立法工作重要日程，组织专班起草了《条例》，切实加快推进立法议程。三是部署“恩施州传统村落丛书”编纂工作。2018 年 7 月，恩施州政协文史资料委员会（简称文史委）召开专题座谈会，就“恩施州传统村落丛书”编撰征求意见并部署安排相关工作。根据工作计划，恩施州政协文史委将与湖北民族学院联合组织开展传统村落历史文化资源挖掘整理工作，编撰“恩施传统村落丛书”，拟于2020年出版。

截至2018年底，全州已有52个村落入选中国传统村落名单，38个村落上榜第五批中国传统村落名录公示。

[点评] 案例介绍了湖北省恩施州加强传统村落保护与发展的情况，湖北省恩施州主要通过三个途径推动传统村落保护与发展：一是开展试点工作，投入专项资金；二是进行地方立法；三是开展传统村落历史文化资源挖掘整理工作。通过以上措施，恩施州在传统村落保护与发展中取得了较好的成绩。

[案例4-4]

山西省保护并培养农村传统文化传承人

山西省全面保护并培养农村传统文化的传承人。弘扬与传承山西省农村优秀传统文化，就要重点保护和培养有效的传承人，不能让农村优秀的传统文化面临断代的风险，这是山西省政府部门确保各个农村地区优秀传统文化得以长期传承下去的基本路径。在2018年年初，文化部就公示了第五批国家级非物质文化遗产代表性项目代表性传承人的名单，山西省有45人入选了公示名单。项目类别涵盖了传统音乐、传统戏剧、曲艺、传统美术、传统技艺、民俗等多个领域。

在确立传承人时，首先，按照不同级别明确山西省农村地区非物质文化遗产的相关传承人，或是各个县、乡、村等，依据传统文化的不同价值，确立各个级别的传承人，并对他们给予相应的帮助与支持，让众多传承人能够切实感受到重视与尊重。传承人也要承担起自身的责任与义务，为广大青少年树立良好的形象，促使很多的年轻人积极踊跃地加入到弘扬与传承优秀传统文化的行列中来。这样还能及时发现对传统文化感兴趣的年轻人，有针对性和目的性地对他们进行系统化培养，同时可以利用专业培训、各种比赛等方式扩大受众群体。此外，还要高度重视并鼓励农村青年，利用当地传统文化节日、返乡探亲的时间或休息时间，学习更多的与山西相关的农村优秀传统文化知识，掌握更多民间传统手工艺，让他们切实感受到传统文化的独特魅力。

[点评] 案例介绍了山西省保护并培养农村传统文化传承人的情况，山西

省主要通过两条路径保护培养农村传统文化的传承人：一是对传承人给予相应的帮助与支持；二是采取多种措施激发年轻人对传统文化的兴趣，并鼓励年轻人参与。弘扬与传承农村优秀传统文化必须要重点保护和培养有效的传承人，因此，重视传承人、培养年轻传承人至关重要。

三、加强公共文化服务供给

加强公共文化服务供给，是提升农民获得感、幸福感的重要举措，也是激发乡村活力、实现乡风文明的重要途径。通过乡村公共文化建设，有利于培育良好家风、淳朴民风，实现民心齐聚，助推乡风文明。2018—2020 年中央 1 号文件均把加强乡村公共文化建设作为重要目标任务，要健全公共文化服务体系，增加公共文化产品和服务供给，广泛开展群众文化活动。《乡村振兴战略规划（2018—2022 年）》更是提出，“按照有标准、有网络、有内容、有人才的要求，健全乡村公共文化服务体系”。2020 年 11 月通过的《中共中央关于制定国民经济和社会发展第十四个五年规划和二〇三五年远景目标的建议》把“推进城乡公共文化服务体系一体建设”作为提升公共文化服务水平的任务之一，乡村公共文化建设成为我国繁荣发展文化事业和文化产业，提高国家文化软实力的重要一环。

1. 健全公共文化服务体系 按照有标准、有网络、有内容、有人才的要求，健全乡村公共文化服务体系。推动县级图书馆、文化馆总分馆制，发挥县级公共文化机构辐射作用，加强基层综合性文化服务中心建设，实现乡镇、村两级公共文化服务全覆盖，提升服务效能。完善农村新闻出版广播电视公共服务覆盖体系，推进数字广播电视户户通，探索农村电影放映的新方法新模式，推进农家书屋延伸服务和提质增效。完善乡村公共体育服务体系，推动村健身设施全覆盖。不断加快文化服务供给侧结构性改革，探索将公共文化服务“权力清单”、公共文化服务购买等新型文化服务内容纳入法治体系。通过对提供公共文化服务的相关部门及事业单位加强制度改革，不断完善公共文化服务部门的建设与管理。

2. 增加公共文化产品和服务供给 深入推进文化惠民，为农村地区提供更多更好的公共文化产品和服务。建立农民群众文化需求反馈机制，推动政府向社会购买公共文化服务，开展“菜单式”“订单式”服务。加强公共文化服务品牌建设，推动形成具有鲜明特色和社会影响力的农村公共文化服务项目。支持“三农”题材文艺创作生产，鼓励文艺工作者推出反映农民生产生活，尤其是乡村振兴实践的优秀文艺作品。鼓励各级文艺组织深入农村地区开展惠民演出活动。加强农村科普工作，推动全民阅读进家庭、进农村，提高农民科学文化素养。要推动文化下乡，鼓励文艺工作者深入农村、贴近农民，推出具有浓郁乡村特色、充满正能量、深受农民欢迎的文艺作品。

3. 广泛开展农民群众文化活动 完善农民群众文艺扶持机制，鼓励农村地区自办文化。培育挖掘乡土文化本土人才，支持乡村文化能人。加强基层文化队伍培训，通过鼓励大学生村官、“第一书记”等驻村干部参与文化建设，培养一支懂文艺、爱农村、爱农民、专兼职相结合的农村文化工作队伍。鼓励高等院校、文化企业合作，定向培养地方文化急缺人才，用政策引导，以企业参与、对口帮扶、社会合作的形式，让企业家、文化工作者、科普工作者、退休人员、文化志愿者等投身乡村文化建设。传承和发展民族民间传统体育，广泛开展形式多样的农民群众性体育活动。鼓励开展群众性节日民俗活动，支持文化志愿者深入农村开展丰富多彩的文化志愿服务活动。活跃繁荣农村文化市场，推动农村文化市场转型升级，加强农村文化市场监管。

［**案例 4-5**］

山东省东营市加强公共文化服务供给

2015 年 5 月以来，山东省东营市在完善基层综合性文化服务中心的同时，创造性地配套建设了乡村剧场，让农村基层群众“休闲有去处、娱乐有场所、聚会有阵地”，在基层公共文化服务体系建设上探索形成了一条新的路径，取得了显著的社会效益。

第一，统筹规划、分步实施。为推进乡村剧场建设顺利进行，东营市文化广电新闻出版局制定了《东营市乡村剧场建设实施方案》，通过广泛征求群众意见，并按照“试点—推广—普及”三步走战略，基本实现了东营市行政乡村剧场全覆盖及剧场建成后的有效利用。

第二，制定标准、完善功能。在乡村剧场建设过程中，东营市通过制定建设面积、配套设施等方面的一系列建设标准，以及对群众文化广场、乡村剧场进行数字化提档升级，满足了新时代群众的应用需求，也实现了文化馆辅导教师实时对多个文化广场群众开展远程同步辅导培训。

第三，多方协作、共建共享。东营市利用乡村剧场和群众文化广场，充分发挥县文化主管部门、文化馆等部门的积极作用，并通过调动乡镇和村两级的积极性，组织开展戏曲、舞蹈、声乐、器乐、广场舞等群众喜欢的文化内容和文化活动。

第四，健全机制、规范运作。东营市明确了县区是乡村剧场建设的责任主体，采取“财政支持一点、项目安排一点、社会筹措一点”的办法解决建设资金不足问题，并通过PPP建设模式积极吸引社会资金，形成了多部门协调机制，宣传文化部门负责研究制定建设规划和建设标准。为保证建设成效，东营市把乡村剧场、文化广场建设纳入各县区年度目标责任制考核和公共文化服务体系建设考核，并建立了督导检查和责任追究制度，确保建设工作责任到位、投入到位等。

此外，乡村剧场也为文化活动监督管理提供了一种新方式。演出团体可利用免费WiFi，现场发送演出视频、图片，文化部门可通过广场上的高清摄像头及时调取演出现场情况，群众可随时通过手机对演出节目作出评价，极大地提高了文化部门的监管效率，健全完善了公共文化服务监督管理和评价机制。

［点评］ 案例讲述了东营市主要通过四条路径推动公共文化建设：一是统筹规划、分步实施；二是制定标准、完善功能；三是多方协作、共建共享；四是健全机制、规范运作。不难看出，东营市为推动公共文化建设从顶层设计、建设运营、多元参与等多方面做了细致的工作，探索出了一条农村公共文化建设的新路径，受到了农民群众的好评，值得其他地区借鉴。

模块小结

本模块主要介绍了乡风文明的基本概念、主要内容和实现途径。乡风文明是实现乡村振兴的保障，具体内容主要包括加强农村思想道德建设、弘扬中华优秀传统文化、加强公共文化服务供给等三方面内容。通过分析乡风文明具体内容和案例探讨，明确乡风文明的重要性和推进方向。

模块五 治理有效

学习目标

乡村振兴，治理有效是基础。通过对本模块的学习，了解治理有效的基本内涵、主要内容，并结合具体案例，掌握乡村治理有效的实现路径。

学习重点

本模块的学习重点包括乡村治理有效的内涵，以及加强乡村基层党组织建设、促进自治法治德治有机结合、夯实基层政权三方面内容，将通过案例的学习来加深认识和理解。

学习任务一　什么是乡村治理有效

乡村治理有效，就是通过加强和改进党对农村工作的领导，建立健全党委领导、政府负责、社会协同、公众参与、法治保障的现代乡村社会治理体制，推动乡村组织振兴，打造充满活力、和谐有序的善治乡村。

具体而言，治理有效是以农村基层党组织建设为主线，突出政治功能，提升组织力，把农村基层党组织建设成为宣传党的主张、贯彻党的决定、领导基层治理、团结动员群众、推动改革发展的坚强战斗堡垒。坚持自治为基、法治为本、德治为先，健全和创新村党组织领导的充满活力的村民自治机制，强化法律权威地位，以德治滋养法治、涵养自治，让德治贯穿乡村治理全过程。科学设置乡镇机构，构建简约高效的基层管理体制，健全农村基层服务体系。

学习任务二　治理有效的具体内容和实现路径

实现治理有效，需要从乡村基层党组织建设、推动自治法治德治有机结合、夯实基层政权等方面入手，持续推进乡村治理体系和治理能力现代化。

一、加强乡村基层党组织建设

农村基层党组织是党的形象在农村的综合体现，是党的战斗力、凝聚力和号召力充分发挥的最终落脚点。近年中央1号文件均把加强基层党组织建设，发挥党组领导作用，作为推动农业农村发展，促进乡村振兴的重要举措，提出要“扎实推进党建促乡村振兴”“建立健全党组织领导的自治、法治、德治相结合的领导体制和工作机制”，并强调“农村基层党组织是党在农村全部工作和战斗力的基础”。

1. 健全以党组织为核心的组织体系　突出农村基层党组织的领导核心地位。坚持乡镇党委和村党组织全面领导乡镇、村的各类组织和各项工作，大力推进村党组织书记通过法定程序担任村民委员会主任和集体经济组织、农民合作组织负责人，推行村“两委”班子成员交叉任职。提倡由非村民委员会成员的村党组织班子成员或党员担任村务监督委员会主任。村民委员会成员、村民代表中党员应当占一定比例。在以建制村为基本单元设置党组织的基础上，创新党组织设置。加强农村新型经济组织和社会组织的党建工作，引导其始终坚持为农民服务的正确方向。

2. 加强农村基层党组织带头人队伍建设　实施村党组织带头人整体优化提升行动。加大从本村致富能手、外出务工经商人员、本乡本土大学毕业生、复员退伍军人中培养选拔力度，选优配强村党组织书记。以县为单位，逐村摸排分析，对村党组织书记集中调整优化，全面实行县级备案管理。健全从优秀村党组织书记中选拔乡镇领导干部、考录乡镇公务员、招聘乡镇事业编制人员机制。通过本土人才回引、院校定向培养、县乡统筹招聘等渠道，每个村储备一定数量的村级后备干部。全面向贫困村、软弱涣散村和集体经济薄弱村党组织派出第一书记，建立长效机制。

3. 加强农村党员队伍建设　加强农村党员教育、管理、监督，推进“两学一做”学习教育常态化、制度化，教育引导广大党员自觉用习近平新时代中国特色社会主义思想武装头脑。严格党的组织生活，全面落实“三会一课”、主题党日、谈心谈话、民主评议党员、党员联系农户等制度。加强农村流动党员管理。注重发挥无职党员作用。扩大党内基层民主，推进党务公开。加强党内激励关怀帮扶，定期走访慰问农村老党员、生活困难党员，帮助解决实际困难。稳妥有序开展不合格党员组织处置工作。加大在青年农民、外出务工人员、妇女中发展党员力度。

4. 完善服务监督机制 积极促进基层党组织管理职能的转变，将工作理念由管理逐步转变为服务，坚持贴近群众生活，时刻掌握民情及民意，了解人民群众的需要及最亟待解决的问题。制定科学合理的农村基层党组织服务群众工作量化考核办法，建立完善的群众满意度测评制度及民主评议制度，全面形成群众评价及组织评价统一的制度，把农村基层党组织服务工作落到实处。扩大基层党组织民主，保证人民群众直接行使民主权利，大力推行村务公开，加强和完善民主管理和监督。

［**案例 5-1**］

湖北南漳以百分考核为抓手，全面推进落实农村党建责任制

近年来，南漳积极探索推进镇（区）党委党建责任制落实的有效途径，坚持从完善考核机制、突出过程考核和强化考核推动入手，大力推行农村基层组织建设百分考核制度。其主要做法为：一是科学设置考核指标，通过定量考核与定性考核相结合、普遍一致性考核与差异考核相结合，科学合理地将党建考核指标细化为 10 大类 38 小项，确定每项考核指标的分值比重，使考核工作更具针对性和实效性；二是健全考评工作机制，明确考核对象、考核内容、考核方法、奖惩形式以及考核评分标准和细则，定期召开基层组织建设工作联席会议，总结经验，查找问题，有力地推动了目标任务的落实；三是保障考核有序运转，将农村基层组织建设纳入全县领导班子综合考核评价范畴，建立考核结果反馈制度和公示制度，坚持考核结果与实绩考核、评先表模和干部任用挂钩。

通过实行百分量化考核管理，使镇（区）党委的管党意识进一步增强，基层党建工作创新能力大大提高，基层党组织的创造力、战斗力和凝聚力进一步加强，有力地推动了经济社会的健康发展。

［**点评**］案例介绍了湖北南漳推进农村党建责任制落实的情况，湖北南漳从完善考核机制、突出过程考核和强化考核推动入手，对农村基层组织建设进行考核。通过量化考核管理促进基层党组织建设，取得了较好的效果。其考核办法、奖惩方式等内容值得借鉴学习。

二、促进自治法治德治有机结合

自治、法治、德治相结合，是不断推进乡村治理能力现代化的重要特征。健全“三治合一”的乡村治理体系，是不断推进国家治理体系和治理能力现代化的重要体现。

1. 深化村民自治实践 以党的领导统揽村民自治各方面，创新村民自治的有效实现途经，推动社会治理和服务重心向基层下移。加强农村群众性自治组织建设，大力发展规范的社会组织、经济组织和其他民间机构等乡村公共服务组织，使之有序地参与到乡村治理之中。完善农村民主选举、民主协商、民主决策、民主管理、民主监督制度。规范村民委员会等自治组织选举办法，健全民主决策程序。依托村民会议、村民代表会议、村民议事会、村民理事会等，形成民事民议、民事民办、民事民管的多层次基层协商格局。创新村民议事形式，完善议事决策主体和程序，落实群众知情权和决策权，发挥村民监督的作用，让农民自己“说事、议事、主事”，做到村里的事村民商量着办。全面建立健全村务监督委员会，健全务实管用的村务监督机制。充分发挥自治章程、村规民约在农村基层治理中的独特功能，弘扬公序良俗。加强基层纪委监委对村民委员会的联系和指导。

2. 推进乡村法治建设 把各项涉农工作纳入法治化轨道。加强农村法治宣传教育，完善农村法治服务，引导干部群众遵法守法用法，依法表达诉求、解决纠纷、维护权益。增强基层干部法治观念、法治为民意识，把政府各项涉农工作纳入法治化轨道。维护村民委员会、农村集体经济组织、农村合作经济组织的特别法人地位和权利。深入推进综合行政执法改革向基层延伸，创新监管方式，推动执法队伍整合、执法力量下沉，提高执法能力和水平。要健全执法监督体系，制定严格的执法程序，明确奖惩办法，将执法工作合理化、规范化，保证执法效果。加强乡村人民调解组织建设，建立健全乡村调解、县市仲裁、司法保障的农村土地承包经营纠纷调处机制。健全农村公共法律服务体系，加强对农民的法律援助、司法救助和公益法律服务。深入开展法治县（市、区）、民主法治示范村等法治创建活动，深化农村基层组织依法治理。

3. 提升乡村德治水平 深入挖掘乡村熟人社会蕴含的道德规范，结合时代要求进行创新，强化道德教化作用，要用乡规民约树立德治权威，用乡村文化滋养文明乡风，用道德评价弘扬新风正气，用家规家训涵养家庭成员的道德情操，全方位、多角度引导村民形成积极向上的道德规范。建立道德激励约束机制，推广积分制、道德评议会、红白理事会等做法，引导农民自我管理、自我教育、自我服务、自我提高，实现家庭和睦、邻里和谐。积极发挥新乡贤作用，要培育富有地方特色和时代精神的新乡贤文化，发挥其在乡村治理中的作用。重视乡规民俗建设，使其成为新时代乡村行为规范。深入推进移风易俗，开展专项文明行动，遏制高价彩礼、人情攀比、厚葬薄养、铺张浪费、封建迷信等不良风习。加大对农村非法宗教活动和境外渗透活动的打击力度，依法制止利用宗教干预农村公共事务。办好中国农民丰收节。

4. 建设平安乡村 深入推进平安乡村建设，加快完善农村治安防控体系，依法严厉打击危害农村稳定、破坏农业生产和侵害农民利益的违法犯罪活动。健全落实社会治安综合治理领导责任制，健全农村社会治安防控体系，推动社会治安防控力量下沉，加强农村群防群治队伍建设。深入开展扫黑除恶专项斗争。依法加大对农村非法宗教、邪教活动打击力度，严防境外渗透，继续整治农村乱建宗教活动场所、滥塑宗教造像。完善县乡村三级综治中心功能和运行机制。健全农村公共安全体系，持续开展农村安全隐患治理。加强农村警务、消防、安全生产工作，坚决遏制重特大安全事故。健全矛盾纠纷多元化解机制，深入排查化解各类矛盾纠纷，做到小事不出村、大事不出乡（镇）。落实乡镇政府农村道路交通安全监督管理责任，探索实施“路长制”。探索以网格化管理为抓手，推动基层服务和管理精细化、精准化。

［**案例 5-2**］

江苏省徐州市贾汪区自治法治德治有机结合

江苏省徐州市贾汪区通过自治法治德治相结合探索出了一条“三治”融合的新路子，为乡村建设带来了新风貌。

让乡贤参与乡村治理。通过成立乡贤工作室，负责了解掌握民意、帮助调节矛盾纠纷、宣传政策法规、文明监督等多方面工作。乡贤工作室在化解村庄各类矛盾、为乡村建设建言献策等方面发挥了重要作用。

提出“一网、三会、五项工程”，打出乡村治理组合拳。实行网格化管理；组建乡贤协会、大佬执理事会、平安志愿者协会；实施“平安守护工程”“雪亮工程”“扫黑除恶专项斗争”“乡风文明提升工程”以及“法治香包香万家工程”。以能人促自治，以制度促法治，以文化促德治，建立健全“三治”相结合的乡村治理体系，推动全区走出资源枯竭城市转型发展的新路子。

通过文化广场、奖项评选等加强宣传教育。通过法治文化广场，把村规民约写上墙。每年通过评选“好婆婆、好儿媳”等活动，引导大家形成良好风尚。在自治和法治基础上，通过加强教育宣传，在乡村营造出了良好的氛围。

［点评］ 案例讲述了江苏省徐州市贾汪区自治法治德治有机结合的情况，贾汪区主要通过以下路径推动自治法治德治有机结合：一是乡贤参与乡村治理；二是通过文化广场、奖项评选等加强宣传教育；三是建立健全“三治”相结合的乡村治理体系。贾汪区通过多种举措并举，探索了一条“三治”融合的新路径，为推动“三治”融合树立了样板。

三、夯实基层政权

农村基层政权在国家治理中处于关键地位，是乡村振兴战略实施有力的推动者和执行者，夯实农村基层政权对于乡村振兴战略实施意义重大。

1. 加强基层政权建设 不断完善权能匹配的基层政府治理体系，立足于服务人民群众合理设置基层政权机构、调配人力资源，不简单照搬上级机关设置模式。根据工作需要，整合基层审批、服务、执法等方面力量，统筹机构编制资源，整合相关职能设立综合性机构，实行扁平化和网格化管理。推动乡村治理重心下移，尽可能把资源、服务、管理下放到基层。加强乡镇领导班子建设，有计划地选派省市县机关部门有发展潜力的年轻干部到乡镇任职。加大从优秀选调生、乡镇事业编制人员、优秀村干部、大学生村官中选拔乡镇领导班子成员力度。加强边境地区、民族地区农村基层政权建设相关工作。

2. 创新基层管理体制机制 明确县乡财政事权和支出责任划分，改进乡镇财政预算管理制度。推进乡镇协商制度化、规范化建设，创新联系服务群众工作方法。推进直接服务民生的公共事业部门改革，改进服务方式，最大限度方便群众。推动乡镇政务服务事项一窗式办理、部门信息系统一平台整合、社会服务管理大数据一口径汇集，不断提高乡村治理智能化水平。健全监督体系，规范乡镇管理行为。改革创新考评体系，强化以群众满意度为重点的考核导向。严格控制对乡镇设立不切实际的“一票否决”事项。

3. 健全农村基层服务体系 整合优化县乡公共服务和行政审批职责，打造“一门办理”“一站式服务”的综合便民平台。通过在制度规章、政策保障、基础建设等方面多下功夫，加快健全乡村便民服务体系。探索在村庄建立网上服务站点，实现网上办、马上办、全程帮办、少跑快办，提升农民群众的满意度。大力培育服务性、公益性、互助性农村社会组织，积极发展农村社会工作和志愿服务。开展农村基层减负工作，集中清理对村级组织考核评比多、创建达标多、检查督查多等突出问题。

［案例 5-3］

江苏省邳州市推动乡村基层政权建设

江苏省邳州市在全市村（居）通过“四权”建设推动乡村基层政权建设，通过规范和落实村党组织决策权、村代会决定权、村委会执行权、群众监督权，从制度和机制上解决“做什么、做不做、谁来做、做得怎么样”四方面问题，实现党组织作用发挥与村民自治的有效衔接，走出了一条村级管理的新路子。

第一，做什么，村党组织决策权要强化。邳州明确将村经济社会发展规划、产业结构调整、“三资四化”、计划生育等村务列入村党组织集体决策事项，决策前广泛听取群众意见和建议。

第二，做不做，村代会决定权要保障。村代会要做到“四个必须”：村民代表实际到会人数必须达到80％以上，议题必须80％以上村民代表通过，票决结果必须当众统计公布，形成决定必须向全体村民通报。

第三，怎么做，村委会执行权要落实。执行前，村委会就目标任务、序时进度、主体责任等三个方面作出承诺。决定执行中，定期公示推进举措和进展情况。决定落实后，及时向村代会报告工作完成情况。

第四，做得怎么样，群众监督权要完善。各村都成立了监督委员会，一般由本村的市镇干部、离退休干部、老党员和部分群众代表组成。通过成立机构、网站公示、决策听证、三务公开等途径，村委会工作全方位接受社会监督。

［点评］ 案例讲述了江苏省邳州市推动乡村基层政权建设的情况，通过完善制度和机制，明确了村党组织决策权、村代会决定权、村委会执行权、群众监督权，探索出了一条“四权”工作法的新路子，基层政权建设取得了显著的成效，“四权”工作法非常值得借鉴。

模块小结

本模块主要介绍了乡村治理的内涵、主要内容和实现途径。治理有效是实现乡村振兴的基础，具体内容主要包括加强乡村基层党组织建设、促进自治法治德治有机结合、夯实基层政权等三方面。通过分析乡村治理有效的内涵及实现路径，并结合具体的案例进行探讨，为实现乡村治理有效提供了理论基础和经验借鉴。

模块六 生活富裕

学习目标

乡村振兴，生活富裕是根本。让农民有持续稳定的收入来源，经济宽裕，衣食无忧，生活便利，共同富裕，是实施乡村振兴战略的目标，是建立和谐社会的根本要求。通过本模块的学习，掌握生活富裕的基本概念、评价标准，了解促进农民生活富裕的重要意义，掌握促进农民生活富裕的具体手段和途径，以推动乡村振兴战略的实现。

学习重点

本模块的学习重点包括农民生活富裕的基本概念、评价标准，以及促进农民生活富裕的重要意义、相关政策、具体手段和途径，将通过案例的学习来加深认识与理解。

学习任务一　为什么要促进农民生活富裕

立政之本存乎于农。实现生活富裕，是农民的基本向往，也是乡村振兴的根本要求。改革开放 40 多年来，我国农村经济社会发生了历史性巨变，彻底解决了农民的温饱问题，向着全面建成小康社会迈进。但是，广大农村地区发展不平衡不充分的问题也日益凸显，城乡居民收入和生活水平仍然存在较大的差别。党的十九大提出实施乡村振兴战略，总要求是：产业兴旺、生态宜居、乡风文明、治理有效、生活富裕。其中，生活富裕是乡村振兴的落脚点。乡村振兴的最终目标要落实到农民的生活富裕上，归根结底是要满足农民日益增长的对美好生活的需要。

一、什么是农民生活富裕

实施乡村振兴战略，是党中央站在新的历史方位作出的重大决策部署，是全面建设社会主义现代化国家的重要步骤，是新时代开展“三农”工作的总抓手。在乡村振兴战略的总要求中，生活富裕是乡村振兴的根本，是推动乡村社会全面进步的重要体现，是农民全面发展的必要条件。党的十九大报告强调，人民对美好生活的向往是中国共产党的奋斗目标，增进民生福祉是发展的根本目的。习近平总书记强调，要构建长效政策机制，通过发展农村经济、组织农民外出务工经商、增加农民财产性收入等多种途径，不断缩小城乡居民收入差距，让广大农民尽快富裕起来。

一般来说，生活富裕就是要让农民有持续稳定的收入来源，经济宽裕，衣食无忧，生活便利，共同富裕。农民生活富裕是继温饱和小康之后，国家提出的对农民生活水平的更高要求。农民生活富裕不仅要求农民的物质需求得到充分的满足，还需健全农村教育、文化、医疗等社会保障体系，完善基础建设，逐渐缩小城乡差距。

二、衡量农民生活富裕的通用标准

农民生活富裕的内容广泛，因此，农民生活富裕的衡量标准呈现多样化特征，通用的衡量标准包括农民人均可支配收入和农村的民生保障水平等。

（一）农民人均可支配收入

农民人均可支配收入是衡量其生活是否宽裕的重要标准。增加农民的可支配收入是解决我国“三农”问题的实质所在。在农民心中，“有多少钱”是达到生活富裕的决定性因素。因此，衡量农民生活富裕的重要标准就是看农民的钱袋子有没有鼓起来。农民可支配收入低不仅影响农业发展和农民生活，而且制约了农村购买力的提高。如果不增加农民人均可支配收入，就无法实现农民生活富裕。

近年来我国农民的人均可支配收入逐渐增加，特别是2011年以后呈直线上升，在2014年突破1万元，到2018年农村居民人均可支配收入达到14 617元，扣除物价因素，比1989年的农村居民人均可支配收入602元实际增长23倍多。但是在我国农村大部分地区，农民的人均可支配收入仍然较低。以2019年为例，全国居民人均可支配收入为30 733元，农村居民人均可支配收入为16 021元，城镇居民人均可支配收入为42 359元，农村居民人均可支配收入不及城镇居民人均可支配收入的一半，仅达到整体居民人均可支配收入的1/2左右（图6-1）。

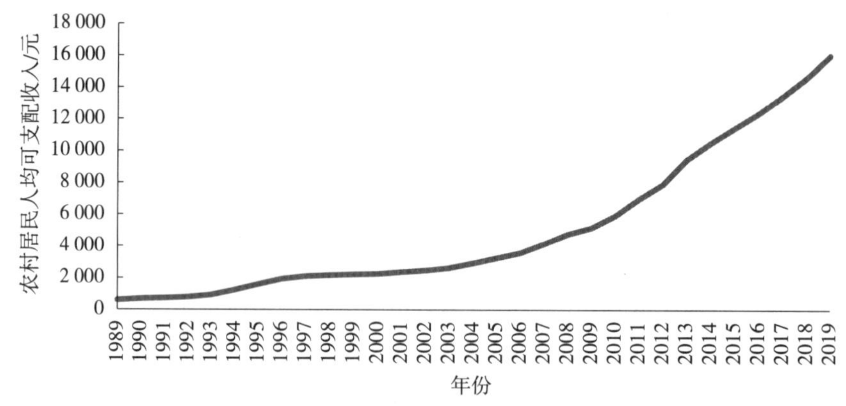

图6-1 1989—2019年农村居民人均可支配收入的变化

（数据来源：国家统计数据）

（二）农村的民生保障水平

在农民的物质需求得到保障之后，农村的社会发展水平也要跟上。因此，农民的教育质量、医疗条件、居住环境、老人赡养问题的解决、脱贫攻坚的情况等是衡量农民生活富裕的通用标准。除此之外，保障农民的精神生活也是衡量农民生活富裕的标准，如农村文化娱乐活动的丰富性、娱乐设施建设的多样性和各类休闲运动场地等。

农村的民生保障在保障农民基本生活、维持农村社会稳定、解决农民的后顾之忧上发挥着重要作用，是增加农民工资性收入以及实现农村经济全面发展的现实需要；是进一步缩小城乡差距，推进城乡共同发展，实现社会整体进步的现实需要；是维护农民群体根本利益，逐步提高社会困难群体的生活质量，带领农民实现共同富裕的现实需要。

近年来，我国农村的民生保障水平明显提升，教育、文化、卫生、社保等方面增长迅速，农民得到实惠不断增多，城乡基本公共服务供给差距不断缩小。但总体上看，我国农村的民生保障仍然不完善，农村民生保障任务依旧任重而道远。

三、促进农民生活富裕的重要意义

（一）是生活宽裕的进一步提升

经过长期努力，我国农民生活水平从温饱转向小康，进而又进入相对富裕的阶段。2005年，党的十六届五中全会提出“扎实推进社会主义新农村建设”，目的是实现农民生活宽裕。新农村建设十几年来，我国农民的生活水平得到极大改善。在这样的时代背景下，把生活富裕作为乡村振兴的一种愿景来推进，符合时代发展的新要求。从生活宽裕上升为生活富裕，意味着对乡村发展目标的认识升华。从实践上看，推进乡村生活由宽裕向富裕转变，不断满足人民日益增长的美好生活需要，意味着更加注重农民生活水平与质量的同步提升，意味着更加注重民主、法治、公平、正义、安全、环境等农民多元需求，提升农民的获得感、幸福感和安全感。

（二）是实现共同富裕的必然要求

农民生活富裕既是乡村振兴的根本，也是中国特色社会主义实现全体人民共同富裕的必然要求。一方面，农民生活富裕是当前阶段实现共同富裕的基本形式，它与消除贫困、改善民生、不断满足人民日益增长的美好生活需要一起，充分体现了我国处于社会主义初级阶段的基本国情和主要矛盾；另一方面，共同富裕是农民生活富裕的目标导向和价值追求，它与以人民为中心、新发展理念、全面现代化一起，充分彰显了中国特色社会主义的制度优势和发展优势。

（三）是推动农民全面发展的重要基础

从乡村振兴视角看，新时代是农业全面升级、农村全面进步、农民全面发展的时代，其最终目标是全面实现“农业强、农村美、农民富”。乡村振兴和农民生活富裕要通过农民的发展表现出来。同时，乡村振兴和农民生活富裕是农民全面发展的条件和保障。只有把农民生活富裕当作乡村振兴的奋斗目标，把农民生活富裕融入农民全面发展中，才能更好地推进社会更加平衡与充分的发展。

学习任务二　农民生活富裕的具体内容和实现路径

一、促进农民增收的内容、政策和途径

（一）农民收入的来源

农民增收是各项工作的核心。通过收入的增长，带动农民生活质量的提高，进而提升农村消费水平，促进农村经济发展。提高农民的收入，首先要了解农民的收入来源，即了解农民的钱从哪里来。目前，我国农民的收入来源主要包括家庭经营性收入、工资性收入、财产性收入和转移性收入等四方面。

1. 家庭经营性收入 是指农户以家庭为生产经营单位进行生产和管理而获得的收入。在我国，农民家庭经营性收入在农民总收入中占比较大，但近年来，该比重在不断减小。这一方面是农产品价格不高、农村基础设施相对不完善所致，另一方面也说明农民的收入来源在不断扩宽。除了家庭经营性收入以外，农民还有其他的收入来源。

2. 工资性收入 是指农民在自己经营的产业以外，为他人付出劳动而获得的报酬。简单讲，工资性收入就是农民外出务工所得的钱。近年来，进城务工农民已占农村总人口的51%，农民工资性收入占农民总收入的比重逐年增加，已成为农民收入的主要来源。随着城乡一体化进程的发展，今后进城务工的农民会越来越多，工资性收入会越来越重要。近年的统计数据显示，工资性收入占农民可支配收入的比例一直维持在40%左右。

3. 财产性收入 是指农民通过自己的动产（包括银行存款、有价证券等）和不动产（包括房屋、车辆等）所获得的收入。目前，财产性收入在农民收入中的比重不高，但随着城乡统筹进程的推进，农民获得的财产性收入显著增长。增加农民财产性收入，将对缩小城乡收入差距、促进农民生活富裕起到积极作用。

4. 转移性收入 是指农民无需付出劳动或资金而获得的收入，主要是国家强农惠农补贴政策转化形成的收入，还包括在外人口寄回和带回的收入、农村外部亲友赠送的收入、救济金、保险赔偿收入、退休金等。近年来，国家先后出台了粮食直补、良种补贴、农机具购置补贴和农资综合直补（简称“四补贴”）等一系列优惠政策，带动了农民转移性收入快速增加。

（二）促进农民增收的相关政策

我国政府有关部门针对促进农民生活富裕出台了一系列相关政策，内容涵盖了支持返乡人员创业、推进农村一二三产业融合、推进农村改革等多个方面（表6-1）。

表6-1 促进农民增收的相关政策梳理

发布时间	单位	名称	主要内容
2015-06-17	国务院办公厅	《关于支持农民工等人员返乡创业的意见》	加强统筹谋划，健全体制机制，整合创业资源，完善扶持政策，优化创业环境，以人力资本、社会资本的提升、扩散、共享为纽带，加快建立多层次多样化的返乡创业格局，全面激发农民工等人员返乡创业热情，创造更多就地就近就业机会，加快输出地新型工业化、城镇化进程，全面汇入大众创业、万众创新热潮，加快培育经济社会发展新动力，促就业、增收入，催生民生改善、经济结构调整和社会和谐稳定新动能

（续）

发布时间	单位	名称	主要内容
2015-12-30	国务院办公厅	《关于推进农村一二三产业融合发展的指导意见》	坚持“四个全面”战略布局，牢固树立创新、协调、绿色、开放、共享的发展理念，主动适应经济发展新常态，用工业理念发展农业，以市场需求为导向，以完善利益联结机制为核心，以制度、技术和商业模式创新为动力，以新型城镇化为依托，推进农业供给侧结构性改革，着力构建农业与二三产业交叉融合的现代产业体系，形成城乡一体化的农村发展新格局，促进农业增效、农民增收和农村繁荣
2016-10-30	中共中央办公厅、国务院办公厅	《关于完善农村土地所有权承包权经营权分置办法的意见》	为进一步健全农村土地产权制度，推动新型工业化、信息化、城镇化、农业现代化同步发展，就完善农村土地所有权、承包权、经营权分置办法提出意见。现阶段深化农村土地制度改革，顺应农民保留土地承包权、流转土地经营权的意愿，将土地承包经营权分为承包权和经营权，实行所有权、承包权、经营权分置并行，着力推进农业现代化，由此也可促进和增加农民收入
2016-11-18	国务院办公厅	《关于支持返乡下乡人员创业创新促进农村一二三产业融合发展的意见》	返乡下乡人员创业创新，有利于将现代科技、生产方式和经营理念引入农业，提高农业质量效益和竞争力；有利于发展新产业新业态新模式，推动农村一二三产业融合发展；有利于激活各类城乡生产资源要素，促进农民就业增收
2018-03-16	农业部	《关于实施农产品加工业提升行动的通知》	进一步推动我国农产品加工业转型升级，促进农业农村经济高质量发展，为乡村振兴提供新动能，启动实施农产品加工业提升行动。对于促进加工业转型升级、实现高质量发展、深化农业供给侧结构性改革、加快培育农业农村发展新动能、促进农民持续稳定增收、提高人民生活质量和健康水平、促进经济社会持续健康发展都具有十分重要的意义
2018-04-13	农业农村部	《关于开展休闲农业和乡村旅游升级行动的通知》	以习近平新时代中国特色社会主义思想为指导，践行“绿水青山就是金山银山”重要理念，贯彻落实中央1号文件精神，紧紧围绕实施乡村振兴战略，以深化农业供给侧结构性改革为主线，以建设美丽乡村、促进农民就业增收、满足居民休闲消费为日的，促进农业高质量发展，加快培育乡村发展新动能。有利于农民就近就地创业，促进农民就业增收

（续）

发布时间	单位	名称	主要内容
2019-05-05	中共中央、国务院	《关于建立健全城乡融合发展体制机制和政策体系的意见》	坚持农业农村优先发展，以协调推进乡村振兴战略和新型城镇化战略为抓手，以缩小城乡发展差距和居民生活水平差距为目标，以完善产权制度和要素市场化配置为重点，坚决破除体制机制弊端，促进城乡要素自由流动、平等交换和公共资源合理配置，加快形成工农互促、城乡互补、全面融合、共同繁荣的新型工农城乡关系，加快推进农业农村现代化。其中，要建立健全有利于农民收入持续增长的体制机制，拓宽农民增收渠道，促进农民收入持续增长，持续缩小城乡居民生活水平差距
2019-05-16	中共中央办公厅、国务院办公厅	《数字乡村发展战略纲要》	按照产业兴旺、生态宜居、乡风文明、治理有效、生活富裕的总要求，着力发挥信息技术创新的扩散效应、信息和知识的溢出效应、数字技术释放的普惠效应，加快推进农业农村现代化，培育信息时代新农民，走中国特色社会主义乡村振兴道路，让农业成为有奔头的产业，让农民成为有吸引力的职业，让农村成为安居乐业的美丽家园
2019-12-20	农业农村部、国家发展和改革委员会、财政部、商务部	《关于实施“互联网＋”农产品出村进城工程的指导意见》	紧紧抓住互联网发展机遇，加快推进信息技术在农业生产经营中的广泛应用，充分发挥网络、数据、技术和知识等要素作用，建立完善适应农产品网络销售的供应链体系、运营服务体系和支撑保障体系，促进农产品产销顺畅衔接、优质优价，带动农业转型升级、提质增效，拓宽农民就业增收渠道
2020-05-26	财政部、商务部、国务院扶贫开发领导小组办公室综合司	《关于做好2020年电子商务进农村综合示范工作的通知》	聚焦脱贫攻坚和乡村振兴，落实高质量发展要求，充分运用电商发展成果，以创新引领农村流通转型升级，以信息化驱动农业农村现代化，夯实农村物流设施设备基础，健全农村电商公共服务体系，培育壮大农村市场主体，促进农产品进城和工业品下乡，拓宽农民就业增收渠道，满足人民群众美好生活需求
2020-06-13	农业农村部、国家发展和改革委员会、教育部、财政部等9部门	《关于深入实施农村创新创业带头人培育行动的意见》	坚持农业农村优先和就业优先方针，以实施乡村振兴战略为总抓手，紧扣乡村产业振兴目标，强化创新驱动，加强指导服务，优化创业环境，培育一批扎根乡村、服务农业、带动农民的农村创新创业带头人，发挥“头雁效应”，以创新带动创业，以创业带动就业，以就业促进增收
2020-11-03	国家发展和改革委员会、财政部、农业农村部、国务院扶贫开发领导小组办公室等9部门	《关于在农业农村基础设施建设领域积极推广以工代赈方式的意见》	在补上“三农”领域基础设施短板、夯实农业生产能力建设、持续改善农村人居环境、推动休闲农业和乡村旅游配套设施提档升级、丰富乡村文化生活中寻找切入点，采取以工代赈方式因地制宜实施一批项目，在巩固脱贫攻坚成果、做好脱贫攻坚与实施乡村振兴战略有效衔接中发挥重要作用。多采用以工代赈、生产奖补、劳务补助等方式，组织动员贫困群众参与帮扶项目实施，教育和引导广大群众用自己的辛勤劳动实现脱贫致富

（三）促进农民增收的主要途径

近年来，国家主要从增加农民家庭经营性收入、工资性收入、财产性收入和转移性收入四个方面入手，制定了相应措施，以促进农民全面增收。

1. 增加农民家庭经营性收入的措施

（1）强化农业生产补贴力度，完善基础设施建设。第一，实施财政直接补贴水稻、小麦最低收购价政策，确保农民收益稳定。第二，以提升粮食产能为核心，以改善耕地质量为基础，提高农业综合生产能力。近年来，各地政府努力提升农村道路、水利灌溉设施等基础设施的建设，以及洪涝旱情等的预防，力求改善农业生产条件，增强农业抵抗天灾的能力，让更多的农民有底气、有信心、有保障。第三，对粮食产量大的地区实施奖励政策，稳步提升人均收入，调动地方积极性。第四，政府致力于加大对农民发展非农产业的政策支持和财政补贴，加大资金投入，健全市场机制，为农民创造更好的增收环境。

（2）重视农民教育，提升农民技能。人才兴，则乡村兴。因此，国家非常重视农民教育，并从以下几个方面推进相关工作。加强农民职业教育和培训，鼓励农民学习产业内优秀的种植方法，以家庭农场主、专业组织骨干、种植大户为重点培训对象带动其余农民共同学习，同时推广农机等新型装备的使用，推进农地机械化。对农村青年给予帮扶和培训，开展更高级别的职业教育，重视农业生产发展，真正做到让农业成为有奔头的产业，让农民成为有吸引力的职业。

（3）加快产业结构升级，完善农产品价格形成机制。政府部门正在逐步推进农业绿色化、特色化，调整产业结构和布局，提倡农牧结合、种养循环；提升农产品质量安全监管，使质量证明等安全制度落到实处，让消费者放心；推进一二三产业的融合，鼓励农民创业创新，发展新产业，引导农民沿着现代高效农业的路子走下去，让农业经营有效益，提高农民经营性收入。完善农产品价格形成机制，相关部门充分发挥市场在资源配置中的决定性作用，通过合理的价格来引导生产，在确保国家粮食安全的基础上，保障种粮农民的基本收入。

（4）重视农业科技发展和应用。首先，发挥农业科研机构与涉农企业的科技优势，加大科技投入力度，推进农业科研体制机制改革，提升科研质量。鼓励科研人员到乡村兼职或创业，健全农业科研成果保护制度，增加科研成果附加值。其次，加强农业技术推广体系建设，探索公益性和经营性农技推广融合发展机制。稳定农技推广人员队伍，帮助农民解决在生产过程中遇到的问题，利用新兴技术和现代化生产，降低农业成本，推进农业适度规模经营，以农业科技成果的应用推动农民增收。

（5）完善乡村金融服务体系。首先，积极发展普惠金融。让农户、贫困人群及小微企业能及时有效地获取价格合理、便捷安全的金融服务。其次，完善农业保险机制。加强对灾害、粮食作物成本和收入的保障，建立多层次、多类型的保险产品，各地财政积极支持农民参加保险，保护农民的收益。再次，采取多种方式为农业发展开辟新的融资渠道。当前信贷资源已经逐步向农民倾斜，并且在全国范围内，进一步深化了农民信用贷款的担保机制，简化贷款流程，保证农民能够快捷便利地借到资金。最后，正在逐步完善农业信贷对农民非农产业的支持，推动二三产业的发展，为农民增收提供良好的支持。

2. 提升农民工资性收入的措施

（1）健全就业服务体系，提高农民工社会保障。为了增加农民工资性收入，各地高度重视农民就业服务，通过为农民提供信息发布、就业咨询、技能培训、劳务输出等多元化服务，大力发展劳务经济。同时，还与企业建立了紧密联系，让农民进入非农产业就业。此外，国家还出台专门政策，对进城务工人员的社会保障进行了专门规定。从 2019 年 1 月 1 日开始，进城务工人员由所在的企业或单位统一购买社保。

（2）建立健全城乡融合机制。建立健全城乡融合发展体制机制和政策体系，是党的十九大作出的重大决策部署。城乡融合可以搭建起城市、乡村、政府和企业的合作平台，增加农民就业机会，提升农民收入水平。

第一，支持主产区形成农产品加工产业集群，让农民更多分享增值收益，为农民提供本地的固定工作机会，提高工资水平。第二，发展农村一二三产业融合，拓展农民就业渠道。将地方特色产业与第二、第三产业相结合，让农民参与到整个产业链的生产、运输、销售、物流等方面，有效提高农民收入。第三，政府全力支持“互联网＋农业”的发展。2019 年，全国各类涉农电商超过 3 万家，农村网络销售额 1.7 万亿元，其中农产品网络销售额 4 000 亿元。在未来，以农村电商为代表的新业态发展将会在未来给农民创造更大的收益。

（3）加快农业转移人口市民化进程。首先，促进城乡劳动者平等就业，坚持同工同酬。国家通过各项政策引导，力求实现城乡居民平等就业，农民工和城镇居民同工不同酬的现象正在消除。其次，积极鼓励农民进城，确保农民在城市中的医疗、教育、社会福利与普通市民平等。让农民享有同样的社会福利待遇，提升农民报酬，为农民融入城市创造更好的政策体制环境。最后，调动农业转移人口落户城镇的积极性，消除农民的后顾之忧。通过维护进城落户农民土地承包权、宅基地使用权、集体收益分配权（简称“三权”），支持引导其依法自愿有偿转让上述权益，将农民的户籍变动与“三权”脱钩，不以退出“三权”作为农民进城落户的条件。

3. 增加农民财产性收入的措施

（1）保障农民财产权益。明确农民的财产权利并予以充分保护，提高农民在土地增值收益中的分配比例。对农民的不动产进行统一登记并管理，落实土地财产权的抵押担保权能，建立并完善农民财产保障体系。充分尊重农民的土地财产权利，让农民更多参与现代化进程、共享发展成果。通过农村集体产权制度改革，增加农民财产性收益。村集体成员是集体经济的主人，改革集体产权制度把集体的经营性资产确权到户，实现农民对集体资产的占有使用和收益分配的权利，有利于拓宽农民的增收新渠道。

（2）推进农村土地制度改革。完善农村产权制度和要素市场化配置机制，坚持农村土地农民集体所有制不动摇，坚持家庭承包经营基础性地位不动摇，有序开展第二轮土地承包到期后再延长 30 年试点，保持农村土地承包关系稳定并长久不变，健全土地经营权流转服务体系。对被占用耕地的农民给予合理的补偿，严格按照国家关于被征用、占用耕地的补偿政策，把补偿资金及时足额地落实到村、落实到农户。区分征占用土地的用途，对公益性用途的，逐步提高补偿标准；对商业性用途的，要引入市场机制。把集体的经营性资产确权到户，实现农民对集体资产的占有、使用和收益分配的权利，同时更好地推进农民集体将建设用地和空闲农房出租、合作、入股、联营。

（3）开拓农村金融市场。拓展农村金融业务种类，丰富金融产品，增加专为农民的金融理财服务，拓宽投资渠道，让更多的农民通过股票、基金、债券、保险等获得股息、利息、分红，使农民的收入多元化，增加农民财产性收入，为农民增收创造便利条件。

4. 促进农民转移性收入的措施

（1）进一步加大强农惠农政策力度，加大地方财政支农力度。国家通过发放农业保险与灾害救助补贴、发放失业保险金，报销医疗费用，制定有针对性的扶持政策等措施，在稳定农业生产者基本收益、保障农民基本生活、促进农民增收等方面发挥了重要的作用。各级地方政府也积极利用地方财政进行直接补贴，对国家补贴给予补充，逐渐健全了农业补贴制度。

（2）改进财政支农补贴方式。为了提升补贴资金惠及农民的力度和成效，各级政府正在进一步改进财政支农补贴方式，完善补贴办法，建立监督机制。能够直接补贴给农民个人的，尽量补贴给农民个人，确保补贴政策能够真正增加农民收入。让农民真正享受到财政补贴，从而增加他们的转移性收入。

（3）完善优化补贴政策。为了鼓励农村经营体制创新，政府在对种粮农民的补助和直接补贴的基础上，增加了对土地流转、适度规模经营以及农民落户城镇等方面的扶持，促进了农民转移性收入增加。为了实现农民转移性收入真正突破性增长，政府在加大农业补贴力度的同时还致力于优化补贴政策。如对农民流转得来的土地进行补贴，同时对适度规模的农户进行补贴，使农业补贴向家庭农场、专业大户和农村合作社倾斜，同时完善了转出土地的农村居民的后期补贴与保障，在推进农村经营体制创新中多环节促进农民转移性收入的提高。

[**案例 6-1**]

依托合作社实现农业现代化，增加农民家庭经营性收入

邓爱明是岳阳市云溪区陆城镇钢铁村村民。1967 年出生的他具有高中文化，是一名中共党员。2015 年，他创办了爱美松家庭农场，利用水田进行稻虾共作，利用池塘进行莲鱼虾共养，利用山地种林，林下养鸡、种花生、栽西瓜，年销售收入 100 多万元，是全村有名的致富能手。

一、创业之初的艰难

1984 年，高中毕业的邓爱明跟随亲戚到长沙从事沙发、沙发弹簧制造工作，当时一个月的工资是三四百元，是一份非常不错的收入。1986 年，他为了更好地照顾亲人，毅然舍弃了那份收获颇丰的工作，回到了家乡陆城镇钢铁村，开始承包集体土地，从事农业生产。起初他承包了村集体荒芜湖汊 100 多亩，经过改造后以一年养鱼一年种植水稻的轮作方式进行经营，通过自身一双勤劳的双手，每年纯收入 1 万～2 万元，家庭贫困生活逐步得到改善。但他并没有安于现状，坚信自己在农业生产上能干出一番事业。于是在 2003 年，他又一次承包了村集体荒山 530 多亩，他将荒山开垦出来，一次性引进栽种了 300 多亩果树——布朗李。然而，由于没有充分了解布朗李的特性，没有意识到布朗李并不适合在湘北地区种植，湘北多雨和高温的气候让本是高产、高品质的布朗李出现挂果少、烂果多的情况，这一次让他一下损失了 20 多万元。望着满山郁郁葱葱的果树，邓爱明深刻地反思着，他清楚地认识到，要想在农业上有所作为，只会弯腰做事，不懂抬头看路是行不通的，辛勤劳动的同时还必须加强农业政策、技术的学习。

二、探索多种模式创佳绩

为了达到高产增收，邓爱明走上了规模化的农业生产道路。他开始不断强化自身的政治理论素质，努力学习党和国家的惠农政策和有关法律法规及农业科技知识，提升自身服务本领。通过精读农业科技书籍书刊，掌握了大量的农业种植、养殖技术，并且参加2015年在岳阳职业技术学院举办的新型职业农民培育培训班。2007年，在云溪区农业部门的指导下，他将布朗李果园改种国外松3万多棵，面积400多亩，并在林中套养土鸡，套种西瓜、花生，率先发起了林下经济模式；2016年他又将余下的130亩山地全部栽种了油茶树。功夫不负有心人，通过自身的勤劳和智慧，他承包的700多亩土地正逐步走向规模化发展的道路：他将110亩湖汊通过改造，开展稻虾综合种养，年收获水稻11万斤，龙虾30 000多斤，产值近60万元；60亩鱼池开展“湘莲+鱼+龙虾”套养，年产值30多万元；400亩松林已囤积木材1 500多立方米，预计年产值15万元左右；发展的林下经济更是年纯收入达到40万元左右；2017年在儿子、女儿的帮助下，建立了农村电商平台，将龙虾、鸡、鸡蛋、湘莲通过网络销售到省内外，销售额达到了20多万元。

三、带动村民共同富裕

全村致富才是邓爱明真正的理想。为了实现村民共同致富，2016年他注册成立了鸿康油茶种植专业合作社，吸收当地农户120户，其中30户贫困户，种植油茶1 000多亩。辐射带动稻虾综合种养1 000多亩，在农业部门的关怀之下，确立了“基地+农户、产品+订单、回收+销售”的发展模式，采取统一价格、统一品牌、统一销售成员产品、统一采购配送农业投入品“四统一”运营模式，建立了现代服务网络。2016年实现销售收入287万元，盈余资金85万元，2016年盈余返还55万元，按成员与本社业务交易量（额）的64.7%返还，并且还把他所学到的技术毫无保留地传授给需要帮助的农户。这些年来，在他的带领下大多数农户走上了科学致富的道路，他不但体现了一名共产党员的担当，也成为当地农民心中的致富带头人。当人们问他成功的秘诀是什么，他坚定地回答：是科学技术。

［点评］邓爱明是当代农民的一个典型代表，他带领大家增收的事例也具有很强的借鉴意义，从该案例中，我们可以总结出以下几点经验：第一，加强农业政策和技术的学习非常重要；第二，要将先进的农业技术与现代农业的经营理念有机结合，通过规模化和现代化实现经营收入的增加；最后，通过多种经营模式的探索，加强对农产品价格形成机制及市场营销的理解，保障生产出

来的产品能够获得市场认可，才能最终实现价值的增值和经营收入的增长。

（案例来源：岳阳市农业农村局网站，2018-05-03）

［**案例 6-2**］

高台县发展产业促增收

甘肃省高台县依托新型农业经营主体，引导村民抱团发展，为村集体经济发展“活血造血”的同时，促进了农民增收。近两年，高台县巷道镇东联村通过“三变”改革，成立土地专业合作社，吸纳全村 264 户农户的 2 700多亩耕地入股整合，规模化发展辣椒、林果等产业，每年可为农户分红 130 万元。土地入股不仅让广大农户获得产业分红，还在家门口变身“上班族”。村民通过在合作社打工，人均每天能挣 100 元，一年下来能挣 25 000 元。

除了土地专业合作社，东联村还根据产业发展需要，成立了农机、苗木、四通惠农信息化、瑞泽肉牛养殖等专业合作社，实现了全村规模化种植、专业化养殖、特色化服务全覆盖，在有效增加农户收入的同时，不断壮大村集体经济。2019 年，全村的集体经济收入达到 103 万元，全村村民的分红总额是 534 万元，人均可支配收入 16 600 元。

近年来，高台县通过政策扶持，强化技术服务，完善激励机制和农户产业利益联结机制，大力发展订单农业、设施农业、绿色产业、生态经济，引导更多的农户自愿加入合作社，将产业做强做大。到目前为止，全县发展农业产业化联合体、家庭农场、农民合作社 1 055 家，带领 20 000 多农户抱团发展。

［点评］ 本案例主要讲述了高台县发展集体经济的同时，促进了农民财产性收入和工资性收入增加的事例。农民家庭财产性收入的增加主要是通过土地入股和集体经济分红实现的，而工资性收入则是通过在合作社打工获得的。可见，合理地依托新型经营主体，抱团发展，是实现农民增收的有效渠道。

（案例来源：甘肃经济日报，2020-06-02）

二、以脱贫攻坚促进贫困农民增收

（一）精准扶贫的相关政策

精准扶贫，是通过对贫困家庭和人口开展有针对性的帮扶，增强贫困农民的自主发展能力，达到可持续脱贫的目标。2012年年底，党中央强调，“小康不小康，关键看老乡，关键在贫困的老乡能不能脱贫”，承诺“决不能落下一个贫困地区、一个贫困群众”，拉开了新时代脱贫攻坚的序幕。2013年，党中央提出精准扶贫理念，创新扶贫工作机制。2015年，党中央召开扶贫开发工作会议，提出实现脱贫攻坚目标的总体要求，实行扶持对象、项目安排、资金使用、措施到户、因村派人、脱贫成效“六个精准”，实行发展生产、易地搬迁、生态补偿、发展教育、社会保障兜底“五个一批”，发出打赢脱贫攻坚战的总攻令。2017年，党的十九大把精准脱贫作为三大攻坚战之一进行全面部署，锚定全面建成小康社会目标，聚力攻克深度贫困堡垒，决战决胜脱贫攻坚。国家出台的精准扶贫相关政策见表6-2。

表6-2 精准扶贫相关政策梳理

时间	发布机构	文件名称	主要内容
2016-01-18	中华全国工商业联合会、国务院扶贫开发领导小组办公室	《关于推进“万企帮万村”精准扶贫行动的实施意见》	组织民营企业开展“万企帮万村”精准扶贫行动，引导广大非公有制经济人士积极参与理想信念教育实践活动、踊跃投身全面建成小康社会伟大实践。推动企业进行产业扶贫、就业扶贫和公益扶贫，抓好精准对接、统筹协调和宣传引导、推动扶贫事业稳步发展
2017-08-28	住房城乡建设部、财政部、国务院扶贫开发领导小组办公室	《关于加强和完善建档立卡贫困户等重点对象农村危房改造若干问题的通知》	做好建档立卡贫困户等重点对象农村危房改造是实现中央脱贫攻坚“两不愁、三保障”总体目标中住房安全有保障的重点工作，必须提高政治站位，高度重视，加大投入，全力以赴按时保质完成。需要进一步加强和完善建档立卡贫困户等重点对象农村危房改造工作
2018-02-27	国家旅游局	《关于进一步做好当前旅游扶贫工作的通知》	做好当前旅游扶贫工作，细化分工责任、精准脱贫机制、创新帮扶举措、加强政策衔接、丰富宣传手段，进一步提高旅游脱贫质量和成效，全面推进贫困地区旅游产业发展，有效带动贫困人口脱贫增收，坚决打好新时代精准脱贫攻坚战
2018-05-03	工业和信息化部	《关于推进网络扶贫的实施方案（2018—2020年）》	坚持精准扶贫、精准脱贫基本方略，以“三区三州”等深度贫困地区和部系统定点帮扶县、燕山-太行山片区县为重点，以推进网络基础设施建设为突破口，以加快网络扶贫应用为方向，充分调动各方面积极性、主动性和创造性，不断缩小城乡“数字鸿沟”，为打好精准脱贫攻坚战提供坚实的网络支撑

（续）

时间	发布机构	文件名称	主要内容
2018-06-15	中共中央、国务院	《关于打赢脱贫攻坚战三年行动的指导意见》	坚持精准扶贫精准脱贫基本方略，坚持中央统筹、省负总责、市县抓落实的工作机制，坚持大扶贫工作格局，坚持脱贫攻坚目标和现行扶贫标准，聚焦深度贫困地区和特殊贫困群体，突出问题导向，优化政策供给，着力激发贫困人口内生动力，着力夯实贫困人口稳定脱贫基础，着力加强扶贫领域作风建设，切实提高贫困人口获得感，确保到2020年贫困地区和贫困群众同全国一道进入全面小康社会，为实施乡村振兴战略打好基础
2019-04-25	民政部、财政部、国家卫生健康委员会、国务院扶贫开发领导小组办公室、中国残疾人联合会	《关于在脱贫攻坚中做好贫困重度残疾人照护服务工作的通知》	在脱贫攻坚中做好贫困重度残疾人照护服务工作，是落实中央关于打赢脱贫攻坚战一系列重要决策部署的具体行动和内在要求，是广大贫困重度残疾人及其家庭精准脱贫的现实需要和迫切愿望
2019-12-19	民政部、国家统计局	《关于在脱贫攻坚中切实加强农村最低生活保障家庭经济状况评估认定工作的指导意见》	为进一步提升社会救助兜底保障能力，精准认定农村最低生活保障对象，确保符合条件的贫困人口，特别是完全丧失劳动能力和部分丧失劳动能力且无法依靠产业就业帮扶脱贫的贫困人口全部纳入最低生活保障范围
2020-04-09	商务部、国务院扶贫开发领导小组办公室	《关于切实做好扶贫农畜牧产品滞销应对工作的通知》	为贯彻落实习近平总书记重要指示和党中央、国务院决策部署，有效应对扶贫农畜牧产品滞销，各地方着力解决扶贫农产品滞销问题，组织采购对接、保障物流畅通、落实支持政策
2020-04-26	国家卫生健康委员会办公厅、民政部办公厅、国务院扶贫开发领导小组办公室综合司、国家医保局办公室	《关于进一步扩大农村贫困人口大病专项救治病种范围的通知》	为持续推进农村贫困人口大病专项救治工作，助力脱贫攻坚全面收官：一、扩大农村贫困人口大病专项救治范围。二、鼓励各地在国家确定的农村贫困人口大病专项救治病种基础上，结合当地实际，将本地区多发、群众反映强烈的重大疾病病种纳入专项救治。三、继续按照“四定两加强”的原则，提高医疗质量，合理控制医疗费用，有效降低贫困患者经济负担
2020-07-02	教育部办公厅、人力资源和社会保障部办公厅、国务院扶贫开发领导小组办公室综合司	《关于做好52个未摘帽贫困县建档立卡贫困家庭高校毕业生就业精准帮扶工作的通知》	坚持脱贫攻坚和稳就业、保就业协同推进，抢抓毕业生离校前后工作关键期，聚焦未就业的贫困家庭毕业生，全力推动5项“促就业”重点任务落地落实，让有就业意愿的贫困家庭毕业生尽早实现就业

（二）通过精准扶贫促进农民增收的主要路径

2015年10月16日，习近平总书记在减贫与发展高层论坛上首次提出了“五个一批”脱贫措施，即发展生产脱贫一批、易地搬迁脱贫一批、生态补偿脱贫一批、发展教育脱贫一批、社会保障兜底一批，为打通脱贫“最后一公里”开出破题良方。

1. 发展生产扶贫 统筹使用涉农资金，重点支持贫困村、贫困户因地制宜发展种养业和传统手工业等。实施贫困村“一村一品”产业推进行动，扶持建设一批贫困人口参与度高的特色农业基地。加强贫困地区农民合作社和龙头企业培育，发挥其对贫困人口的组织和带动作用，强化其与贫困户的利益联结机制。支持贫困地区发展农产品加工业，加快一二三产业融合发展，让贫困户更多分享农业全产业链和价值链增值收益。加大对贫困地区农产品品牌推介营销支持力度。依托贫困地区特有的自然人文资源，深入实施乡村旅游扶贫工程。探索水电利益共享机制，将从发电中提取的资金优先用于水库移民和库区后续发展。鼓励企业到贫困地区从事资源开发、产业园区建设、新型城镇化发展等。

2. 易地搬迁扶贫 对居住在生存条件恶劣、生态环境脆弱、自然灾害频发等地区的农村贫困人口，加快实施易地扶贫搬迁工程。坚持群众自愿、积极稳妥的原则，因地制宜选择搬迁安置方式，合理确定住房建设标准，完善搬迁后续扶持政策，确保搬迁对象有业可就、稳定脱贫，做到搬得出、稳得住、能致富。紧密结合推进新型城镇化，支持有条件的地方依托小城镇、工业园区安置搬迁群众，帮助其尽快实现转移就业，享有与当地群众同等的基本公共服务。整合交通建设、农田水利、土地整治、地质灾害防治、林业生态等支农资金和社会资金，支持安置区配套公共设施建设和迁出区生态修复。为符合条件的搬迁户提供建房、生产、创业贴息贷款支持。支持搬迁安置点发展物业经济，增加搬迁户财产性收入。探索利用农民进城落户后自愿有偿退出的农村空置房屋和土地安置易地搬迁农户。

3. 生态补偿扶贫 立足生态、森林、湿地、休闲景区等资源基础，帮助贫困村、贫困群众发展林下种养、特色森林旅游、森林避暑康养、民宿、庭院经济等产业，引导贫困山区、林区从单一模式向多途径综合开发转变，实现生态效益、社会效益和经济效益共赢。加大贫困地区生态保护修复力度，增加重点生态功能区转移支付。结合建立国家公园体制，创新生态资金使用方式，利用生态补偿和生态保护工程资金使当地有劳动能力的部分贫困人口转为护林员等生态保护人员。合理调整贫困地区基本农田保有指标，加大贫困地区新一轮退耕还林还草力度。开展贫困地区生态综合补偿试点，健全公益林补偿标准动态调整机制，完善草原生态保护补助奖励政策，推动地区间建立横向生态补偿制度。扶持培育一批涉林企业、合作社，提高企业带动脱贫的能力，鼓励企业吸纳贫困户就业，引导贫困户用资源使用权入股分红，确保贫困户有长期稳定的收入来源。

4. 教育扶贫 加快实施教育扶贫工程，让贫困家庭子女都能接受公平有质量的教育，阻断贫困代际传递。国家教育经费向贫困地区、基础教育倾斜。健全学前教育资助制度，帮助农村贫困家庭幼儿接受学前教育。稳步推进贫困地区农村义务教育阶段学生营养改善计划。加大对乡村教师队伍建设的支持力度，特岗计划、国培计划向贫困地区基层倾斜，为贫困地区乡村学校定向培养留得下、稳得住的一专多能教师，制定符合基层实际的教师招聘引进办法，建立省级统筹乡村教师补充机制，推动城乡教师合理流动和对口支援。全面落实连片特困地区乡村教师生活补助政策，建立乡村教师荣誉制度。合理布局贫困地区农村中小学校，改善基本办学条件，加快标准化建设，加强寄宿制学校建设，提高义务教育巩固率。普及高中阶段教育，率先从建档立卡的家庭经济困难学生实施普通高中免除学杂费、中等职业教育免除学杂费，让未升入普通高中的初中毕业生都能接受中等职业教育。提高中等职业教育国家助学金资助标准。办好贫困地区特殊教育和远程教育。建立保障农村和贫困地区学生上重点高校的长效机制，加大对贫困家庭大学生的救助力度。对贫困家庭离校未就业的高校毕业生提供就业支持。

5. 社会保障兜底扶贫 完善农村最低生活保障制度，对无法依靠产业扶持和就业帮助脱贫的家庭实行政策性保障兜底。加大农村低保省级统筹力度，低保标准较低的地区要逐步达到国家扶贫标准。加强农村低保申请家庭经济状况核查工作，将所有符合条件的贫困家庭纳入低保范围，做到应保尽保。加大临时救助制度在贫困地区落实力度。提高农村特困人员供养水平，改善供养条件。建立农村低保和扶贫开发的数据互通、资源共享信息平台，实现动态监测管理、工作机制有效衔接。完善城乡居民基本养老保险制度，适时提高基础养老金标准，引导农村贫困人口积极参保续保，逐步提高保障水平。

（三）精准扶贫成效

经过持续8年的脱贫攻坚，我国现行标准下农村贫困人口全部脱贫，贫困县全部摘帽，消除了绝对贫困和区域性整体贫困，彻底改变了贫困地区的面貌，改善了生产生活条件，提高了群众生活质量，近1亿贫困人口实现脱贫，取得了令全世界刮目相看的重大胜利。

党的十八大以来，平均每年1 000多万人脱贫，相当于一个中等国家的人口。贫困人口收入水平显著提高，全部实现“两不愁三保障”，脱贫群众不愁吃、不愁穿，义务教育、基本医疗、住房安全有保障，饮水安全也都有了保障。2 000多万贫困患者得到分类救治。近 2 000 万贫困群众享受低保和特困救助供养，2 400 多万困难和重度残疾人拿到了生活和护理补贴。110 多万贫困群众当上护林员。贫困地区发展步伐显著加快，经济实力不断增强，基础设施建设突飞猛进，社会事业长足进步，行路难、吃水难、用电难、通信难、上学难、就医难等问题得到历史性解决。义务教育阶段建档立卡贫困家庭辍学学生实现动态清零。具备条件的乡镇和建制村全部通硬化路、通客车、通邮路。新改建农村公路 110 万千米，新增铁路里程 3.5 万千米。贫困地区农网供电可靠率达到 99%，大电网覆盖范围内贫困村通动力电比例达到 100%，贫困村通光纤和第 4 代移动通信技术（4G）比例均超过 98%。790 万户、2568 万贫困群众的危房得到改造，累计建成集中安置区 3.5 万个、安置住房 266 万套，960 多万人“挪穷窝”，摆脱了闭塞和落后，搬入了新家园。28 个人口较少民族全部整族脱贫，一些中华人民共和国成立后“一步跨千年”进入社会主义社会的“直过民族”，又实现了从贫穷落后到全面小康的第二次历史性跨越。所有深度贫困地区的最后堡垒被全部攻克。

[**案例 6-3**]

正逢回乡创业时

张峰是安阳县辛村镇人。16 岁那年，他在建筑工地当小工。一年后，他带领几十个农民工组建了自己的施工队，成为一名小包工头。随着工程越来越多，施工队规模也越来越大。恰逢党的十九大报告提出实施乡村振兴战略，张峰感觉到机遇来了。在了解到家乡出台的关于农民工返乡创业的优惠政策之后，张峰毅然决然地回到了老家。

经过长时间的参观考察，在地方政府部门的大力支持和指导下，张峰成立了安阳县旺源中药材种植专业合作社。合作社主要从事中药材种植、销售及生产经营等相关服务，通过“合作社＋基地＋农户”的产业化经营，有效促进了现代高效农业的发展。2017 年，该合作社结合国家精准扶贫政策，先后安排几十户贫困户就业，并保证在合作社务工的每一户都能够在一年内脱贫。

“青春没有选择，不大胆迈出第一步怎么知道能不能成功！”张峰表示，他将继续勤恳工作，将产业做大做强，带动更多的农户增收致富，为家乡的发展贡献出更多自己的力量。

［点评］外出务工农民返乡创业时，需要获取掌握当地的创新创业扶持政策，用好有关支持政策和资金，促进创业兴业，同时带动农民增收和脱贫。

（案例来源：安阳网，2018-02-14）

［案例 6-4］

巴东推进生态补偿脱贫实践

巴东作为一个集“老少边穷库山”于一体的国家级贫困县，有着丰富的森林资源，山林是贫困户的主要生产资料。资源优势没有得到充分运用在一定程度上限制了贫困户的经济发展。为了扬长避短利用丰富的生态资源，巴东县精准施策，咬定生态补偿脱贫一批总目标。通过大力实施生态保护修复工程，全面落实生态补偿政策，因地制宜组织实施生态扶贫项目，带动贫困户脱贫致富，取得了阶段性重大成效。

一、落实生态补偿实现扶贫脱贫

全面打响生态脱贫攻坚战，用硬措施、硬举措，让全县人民牢固树立绿水青山就是金山银山的意识。仅 2019 年，全县共发放贫困户生态补偿资金 4 988万元，惠及全县 12 个乡镇、320 个村、37 746 户贫困户、126 880 口贫困人口，全县 70%建档立卡贫困人口享受到生态补偿脱贫一批的政策红利。

因户施策，让一批生态护林员转岗脱贫。全县累计选聘续聘生态护林员 1 490 名，已发放生态护林员管护工资 692 万元。2019 年来，落实建档立卡贫困人口生态护林员新增计划 430 名，遵照“县建、乡聘、站管、村用”的原则，按林地面积、资源分布状况、管护任务、管护难易程度、贫困人口状况和农民意愿等实际情况，合理划分管护责任区域，就近择优选定 1 490 名建档立卡贫困人口担任生态护林员，把全县湿地和 375 万亩林地全部纳入森林管护范围，将森林管护责任全面落实到山头地块，消除管护盲区的同时，实现森林管护全覆盖，使森林资源得到有效保护。同时，组织开展生态护林员森林管护和产业脱贫技能培训。2019 年，共培训生态护林员 1 490 人次，向仕元等多名生态护林员被评为 2019 年全县“脱贫致富榜样”，充分发挥了生态护林员扶贫带动作用。

啃硬骨头，生态扶贫硬账硬结。2019 年是全县生态扶贫任务最重的一年，全县 163.2 万亩生态公益林、2014—2018 年的 16.31 万亩新一轮退耕还林均需要进行复查验收。为此，全县上下通过早安排、早部署、早落实，合理规划、统筹安排，仅用了10个月时间，提前完成了年度生态扶贫任务，将10 294万元生态补偿资金全部兑现到户，为贫困户送去了脱贫“及时雨”。

二、发展绿色产业助力扶贫脱贫

贫困户脱贫的关键靠产业。巴东优先贫困户实施新一轮退耕还林，壮大木本特色产业。全县发放贫困户退耕还林补助资金3 126万元，惠及14 115户、49 580口贫困人口。积极发动贫困户发展银杏、核桃林下经济等生态产业，注重技术培训，培养了一批活跃在贫困人口身边的乡土专家和技术能手。除此之外，还出台了核桃产业奖补政策，积极培育市场主体，深化生态与产业融合发展，带动贫困户脱贫致富。累计发动贫困户建设核桃基地1.5万亩、银杏基地4.5万亩，组织技术培训3 100人次，让更多的贫困户发展的木本特色产业开始受益。

“龙头”领则林业兴。巴东县培育省级林业产业化重点龙头企业5家，林业专业合作社46家，采取“企业十农户”的方式，由企业组织发动5 000余户贫困户发展银杏、核桃等生态产业。同时还组织企业参加2019年中国森林旅游节，树立了一批市场主体带动贫困户发展生态产业的典型。湖北西谷核桃股份有限公司建设了核桃面、核桃油、核桃食品深加工生产线，让贫困户的核桃销售没有了后顾之忧，并在省林业科技推广中心支持下，在野三关镇庙坪村建设示范基地200亩，发挥了良好的示范带动效果，坚定了贫困户发展核桃产业的信心，提高了贫困户的管理积极性，也吸引了部分兄弟县市来参观学习。

[点评] 案例介绍了巴东生态补偿脱贫的主要措施和效果，我们可以得到如下启示：第一，在脱贫攻坚、乡村振兴等战略实施中，进行合理的生态补偿措施非常重要；第二，深化生态与产业融合发展，是贫困户脱贫的关键；第三，在扶贫过程中，新型经营主体和脱贫致富榜样的带动作用不容忽视。

（案例来源：荆楚扶贫网，2020-06-08）

[案例6-5]

镇沅通过集中培训破解素质贫困

云南省普洱市镇沅县占地总面积4 200平方千米，其中山区面积高达97.7%。总人口21.3万人，少数民族12万人，“直过民族”苦聪人就有1.89

万人。受历史文化和自然环境的影响，这里绝大部分贫困户游手好闲，不仅缺乏脱贫的信心，更缺乏脱贫的动力和技能。面对巨大挑战，镇沅县精准确定出深度贫困人口2 100人，同时准确找出缺乏技术和生活信心等致贫病根。县政府决定“志智双扶”助脱贫，针对深度贫困人口重点培训，将脱贫压力变成致富动力，使昔日“懒汉”变成致富“能人”。

一、扶贫必扶智，致富先“智”富

镇沅县在全国率先成立“深度贫困人口培训中心”，确立政府主导、多部门配合、社会力量广泛参与的“一主多元”教育培训体系，县财政按每人3 000元的标准给予培训中心补助，为学员免费提供健康体检，免费发放迷彩服、体能训练服及生活用具。

培训中心严格制定培训标准和培训纪律，并且为学员量身定制种植、养殖、混水墙砌筑、砂浆调制、钢筋绑扎、电焊、网络创业、家电维修、家政服务等实用课程，积极对接省内外企业用工信息，最大限度推荐学员就业。同时，政府各部门各司其职，明确分工，为学员提供全方位的保障和服务，确保扶智机制长效发展。

二、扶贫必扶志，致富先“志”富

不怕难字当道，就怕懒字沾身。“懒汉”文化程度普遍较低，“等靠要”思想严重，如果不提升脱贫信心、掌握一门技能，就会一无所成。镇沅县拿出精神气，坚决拔穷根，通过半军事化管理的训练方式，促使学员提振精气神，“陋习”变“斗志”，“压力”变“动力”，“懒汉”变“好汉”，实现培训一人、就业一人、脱贫一户、带动一片的目标。

培训中心自2017年10月开班到现在，共培训25期1 149人，结业学员就业率81.79%。“好汉班”激发了贫困户的思想观念和内生动力，听党话、感党恩、跟党走的意愿更加强烈。同时，通过培训学习一技之长，使昔日“懒汉”更有信心用自己的双手改变生活。镇沅的创举，被云南省委作为“六小创新”案例推送，被国务院扶贫办写入“脱贫攻坚100计”。

镇沅县分产业、分类型、分层级、分模块的培训模式，培育出了一批生产经营型、专业技能型、专业服务型“三型”高素质农民。此外，政府对符合条件的学员提供每人不超过15万元的3年财政贴息创业担保贷款，同时采取产业扶贫模式，积极引导学员在村党组织的带领下，通过以土地、林权、扶持资金等入股的方式，与涉农企业、新型农业经营主体合作发展产业，实现效益共建、共赢、共享，这“一条龙”的政府服务，也极大激发了贫困学员大胆干事创业的信心和决心。

［点评］第一，教育扶贫项目能够帮助那些普遍缺技术、失去生活信心、自身发展动力不足的贫困群体，通过教育和培训，帮助他们掌握基本的技术和技能，树立自力更生的信心。第二，教育扶贫要与产业扶贫相结合，才能建立长效机制。通过教育培训掌握了特定技术的人员，要投入到相关产业建设过程中，方能发挥人力资本的优势，从根本上促进农民收入的增长。

（案例来源：中国商务新闻网，2019-07-11）

［**案例 6-6**］

重庆市奉节县建立扶贫长效机制

近年来，重庆市奉节县把脱贫攻坚作为首要政治任务，围绕“两不愁、三保障、一达标”和“解八难、建八有”目标全面发力。为了建立长效扶贫机制，县委、县政府在全县全面推行干部走访“扶志”、教师家访“扶智”、医生巡访“扶弱”、农技随访“扶技”的“四访”工作法，帮群众解难题、为群众增福祉、让群众享公平。

针对因病致贫，奉节县扎实推进健康扶贫，统筹 7 992 万元，设立县级医疗救助基金，建成县级医疗救助“一站式”辅助系统，无缝衔接市级健康扶贫“一站式”结算平台，对经市级平台结算后自付费用超过 10%的部分同步进行兜底保障，救助农民约 7.16 万人次。

针对住房困难，奉节县全力推进住房保障工作，确保贫困人口住房安全。一方面实施危房改造，另一方面实施易地扶贫搬迁。此外，推动“拆旧建新”“资产变现”，完成易地扶贫搬迁农房收储 3 482 户，兑付收储资金 2.2 亿元，确保搬迁户不大额负债。

针对智障、残疾等贫中之贫、困中之困的失能贫困家庭，对失能人员进行集中供养、统一护理，让失能人员生活得有尊严，贫困家庭劳动力得到释放。全县建成草堂等 3 个失能人员供养中心，提供床位 460 张，累计供养失能人员 545 人次。

近年来，奉节县农村地区的交通、饮水、电力、通信等基础条件显著改善；通过布局现代山地高效特色农业，实现了家家有致富产业、村村有集体经济；扶贫政策到村到户到人，精准落地。2019 年 4 月，奉节县实现 135 个贫困村全部退出销号，摘掉戴了 33 年的贫困县帽子。

[点评] 通过建立扶贫长效机制，保证农民持续增收。脱贫攻坚需要分类精准施策，才能起到事半功倍的效果。

（案例来源：农民日报，2019-07-15）

三、脱贫攻坚与乡村振兴有效衔接的后续政策

我国的脱贫攻坚目标任务虽然已经完成，但发展不平衡不充分的问题仍然突出，巩固拓展脱贫攻坚成果的任务依然艰巨。因此，要确保取得决战决胜脱贫攻坚、保障脱贫群众的生活水平的最终胜利，必须做好脱贫攻坚与乡村振兴的有机衔接工作，形成保证农民收入增加的长效机制。

（一）脱贫攻坚与乡村振兴有效衔接的总体安排

保持帮扶政策总体稳定，严格落实“四个不摘”要求，保持现有帮扶政策、资金支持、帮扶力量总体稳定。要健全防止返贫监测帮扶机制，继续对脱贫县、脱贫村、脱贫人口开展监测，持续跟踪收入变化和“两不愁三保障”巩固情况，定期核查，及时发现，及时帮扶，动态清零。持续发展壮大扶贫产业，继续加强脱贫地区产业发展基础设施建设，拓展销售渠道，创新流通方式，促进稳定销售。做好脱贫人口稳岗就业，加大对脱贫人口职业技能培训力度，加强东西部劳务协作，鼓励支持东中部劳动密集型产业向西部地区转移。强化易地搬迁后续扶持，完善集中安置区公共服务和配套基础设施，因地制宜在搬迁地发展产业，确保搬迁群众稳得住、有就业、能致富。兜住民生底线，规范管理公益岗位，以现有社会保障体系为依托，促进弱劳力、半劳力等家庭就近就地解决就业，保障这些群众基本生活。

（二）“十四五”期间巩固拓展脱贫攻坚成果同乡村振兴有效衔接措施

1. 设立衔接过渡期　对摆脱贫困的县，从脱贫之日起设立 5 年过渡期。过渡期内保持现有主要帮扶政策总体稳定，并逐项分类优化调整，合理把握节奏、力度和时限，逐步实现由集中资源支持脱贫攻坚向全面推进乡村振兴平稳过渡，推动“三农”工作重心历史性转移。抓紧出台各项政策完善优化的具体实施办

法，确保工作不留空当、政策不留空白。

2. 持续巩固拓展脱贫攻坚成果 健全防止返贫动态监测和帮扶机制，及时发现、及时帮扶易返贫致贫人口，守住防止规模性返贫底线。以大中型集中安置区为重点，扎实做好易地搬迁后续帮扶工作，持续加大就业和产业扶持力度，继续完善安置区配套基础设施、产业园区配套设施、公共服务设施，切实提升社区治理能力。加强扶贫项目资产管理和监督。

3. 接续推进脱贫地区乡村振兴 实施脱贫地区特色种养业提升行动，广泛开展农产品产销对接活动，深化拓展消费帮扶。持续做好有组织劳务输出工作。统筹用好公益岗位，对符合条件的就业困难人员进行就业援助。在农业农村基础设施建设领域推广以工代赈方式，吸纳更多脱贫人口和低收入人口就地就近就业。在脱贫地区重点建设一批区域性和跨区域重大基础设施工程。加大对脱贫县乡村振兴支持力度。在西部地区脱贫县中确定一批国家乡村振兴重点帮扶县集中支持。支持各地自主选择部分脱贫县作为乡村振兴重点帮扶县。坚持和完善东西部协作和对口支援、社会力量参与帮扶等机制。

4. 加强农村低收入人口常态化帮扶 开展农村低收入人口动态监测，实行分层分类帮扶。对有劳动能力的农村低收入人口，坚持开发式帮扶，帮助其提高内生发展能力，发展产业、参与就业，依靠双手勤劳致富。对脱贫人口中丧失劳动能力且无法通过产业就业获得稳定收入的人口，以现有社会保障体系为基础，按规定纳入农村低保或特困人员救助供养范围，并按困难类型及时给予专项救助、临时救助。

模块小结

本模块主要介绍了实现农民生活富裕的基本概念、评价标准、具体内容和实现途径。让农民实现共同富裕，是实施乡村振兴战略的目标，是建立和谐社会的根本要求。促进农民实现共同富裕，包括促进农民增收和精准扶贫。促进农民增收主要是通过多种方式提高农民家庭经营收入、农民工资性收入、农民财产性收入和农民转移性收入。精准扶贫的路径包括：发展生产扶贫、易地搬迁扶贫、生态补偿扶贫、教育扶贫以及社会保障兜底扶贫，进而提高农民收入，实现共同富裕。在“两不愁三保障”全面实现之后，实现巩固拓展脱贫攻坚成果与乡村振兴的有机衔接是保证农民收入增加的长效机制。

模块七
实施乡村振兴战略的保障措施

学习目标

实现乡村振兴战略，必要的保障措施必不可少。通过对本模块的学习，了解实施乡村振兴的主要政策措施以及相关的实施路径。

学习重点

本模块的学习重点主要包括保障和改善农村民生、推动城乡融合发展两方面政策内容。

学习任务一　补齐农村民生短板

保障和改善农村民生是乡村振兴的出发点和落脚点。一是要促进农村社会事业发展，促进公共教育、医疗卫生、社会保障等资源向农村倾斜，逐步建立健全全民覆盖、普惠共享、城乡一体的基本公共服务体系，推进城乡基本公共服务均等化。二是要加强农村基础设施建设，通过改善农村交通、水利、能源、电信基础设施，为乡村振兴奠定坚实物质基础。

一、促进农村社会事业发展

1. 优先发展农村教育　统筹规划布局农村基础教育学校，保障学生就近享有高质量的教育。科学推进义务教育公办学校标准化建设，全面改善贫困地区义务教育薄弱学校基本办学条件，加强寄宿制学校建设，提升乡村教育质量，实现县域校际资源均衡配置。发展农村学前教育，完善县乡村学前教育公共服务网络。继续实施特殊教育提升计划。科学稳妥推行民族地区乡村中小学双语教育，坚定不移推行国家通用语言文字教育。实施高中阶段教育普及攻坚计划，提高高中阶段教育普及水平。大力发展面向农村的职业教育，加快推进职业院校布局结构调整，加强县级职业教育中心建设，有针对性地设置专业和课程，满足乡村产业发展和振兴需要。推动优质学校辐射农村薄弱学校常态化，加强城乡教师交流轮岗。积极推进乡村学校信息化基础设施建设，优化数字教育资源公共服务体系，加快发展面向乡村的网络教育。落实好乡村教师支持计划，继续实施农村义务教育学校教师特设岗位计划，加强乡村学校紧缺学科教师和民族地区双语教师培训，落实乡村教师生活补助政策，建好建强乡村教师队伍。完善农村特殊教育保障机制。面向农民就业创业需求，发展职业技术教育与技能培训，建设一批产教融合基地。

2. 推进健康乡村建设 深入实施国家基本公共卫生服务项目，完善基本公共卫生服务项目补助政策，提供基础性、全方位、全周期的健康管理服务。加强慢性病、地方病综合防控，大力推进农村地区精神卫生、职业病和重大传染病防治。增强妇幼健康服务能力，倡导优生优育。加强基层医疗卫生服务体系建设，推进乡镇卫生院、乡村卫生室建设全覆盖，提升乡镇卫生院医疗服务能力，加强县级医院建设，持续提升县级疾病预防控制机构应对重大疫情及突发公共卫生事件能力，支持中西部地区基层医疗卫生机构标准化建设和设备提档升级。切实加强乡村医生队伍建设，支持并推动乡村医生申请执业（助理）医师资格。全面建立分级诊疗制度，实行差别化的医保支付和价格政策。深入推进基层卫生综合改革，完善基层医疗卫生机构绩效工资制度。开展和规范家庭医生签约服务。树立大卫生大健康理念，广泛开展健康教育活动，倡导科学文明健康的生活方式，养成良好卫生习惯，提升居民文明卫生素质。

3. 加强农村社会保障体系建设 进一步完善城乡居民基本养老保险制度，加快建立城乡居民基本养老保险待遇确定和基础养老金标准正常调整机制。完善统一的城乡居民基本医疗保险制度，合理提高政府补助标准和个人缴费标准，继续完善重大疾病医疗保险和救助制度。做好农民重特大疾病救助工作，健全医疗救助与基本医疗保险、城乡居民大病保险及相关保障制度的衔接机制，巩固城乡居民医保全国异地就医联网直接结算。推进低保制度城乡统筹发展，健全低保标准动态调整机制，全面实施特困人员救助供养制度，提升托底保障能力和服务质量。推动各地通过政府购买服务、设置基层公共管理和社会服务岗位、引入社会工作专业人才和志愿者等方式，为农村留守儿童和妇女、老年人以及困境儿童提供关爱服务。加强和改善农村残疾人服务，将残疾人普遍纳入社会保障体系予以保障和扶持。

4. 提升农村养老服务能力 适应农村人口老龄化加剧形势，加快建立以居家为基础、社区为依托、机构为补充的多层次农村养老服务体系。以乡镇为中心，健全县乡村衔接的三级养老服务网络，建立具有综合服务功能、医养相结合的养老机构，与农村基本公共服务、农村特困供养服务、农村互助养老服务相互配合，形成农村基本养老服务网络。提高乡村卫生服务机构为老年人提供医疗保健服务的能力。支持主要面向失能、半失能老年人的农村养老服务设施建设，建立健全农村留守老年人关爱服务体系。开发农村康养产业项目。鼓励村集体建设用地优先用于发展养老服务。推进农村公益性殡葬设施建设。

5. 加强农村防灾减灾救灾能力建设 完善农业气象综合监测网络，提升农业气象灾害防范能力。加强农村自然灾害监测预报预警，解决农村预警信息发布"最后一公里"问题。加强防灾减灾工程建设，推进实施自然灾害高风险区农村困难群众危房改造。全面深化森林、草原火灾防控治理。大力推进农村公共消防设施、消防力量和消防安全管理组织建设，改善农村消防安全条件。推进自然灾害救助物资储备体系建设。开展灾害救助应急预案编制和演练，完善应对灾害的政策支持体系和灾后重建工作机制。在农村广泛开展防灾减灾宣传教育。

二、加强农村基础设施建设

1. 加快推进村庄规划工作 加快完成县级国土空间规划编制，明确村庄布局分类。积极有序推进"多规合一"实用性村庄规划编制，对有条件、有需求的村庄尽快实现村庄规划全覆盖。对暂时没有编制规划的村庄，严格按照县乡两级国土空间规划中确定的用途管制和建设管理要求进行建设。编制村庄规划要立足现有基础，保留乡村特色风貌，不搞大拆大建。按照规划有序开展各项建设，严肃查处违规乱建行为。健全农房建设质量安全法律法规和监管体制，排查整治安全隐患。完善建设标准和规范，提高农房设计水平和建设质量。继续实施农村危房改造和地震高烈度设防地区农房抗震改造。加强村庄风貌引导，保护传统村落、传统民居和历史文化名村名镇。加大农村地区文化遗产遗迹保护力度。乡村建设是为农民而建，要因地制宜、稳扎稳打，不刮风搞运动。严格规范村庄撤并，不得违背农民意愿强迫农民上楼，把好事办好、把实事办实。

2. 改善农村交通物流设施条件 加强农村道路建设工作，有序实施较大人口规模自然村（组）通硬化路。加强农村资源路、产业路、旅游路和村内主干道建设。推动农村公路建设项目进村入户。推进"四好农村路"建设，深化农村公路管理养护体制改革，健全管理养护长效机制，完善安全防护设施，保障农村地区基本出行条件。加强农村道路桥梁安全隐患排查，落实管养主体责任。推动城市公共交通线路向城市周边延伸，鼓励发展镇村公交，实现具备条件的建制村全部通客车。加大对革命老区、民族地区、边疆地区、贫困地区铁路公益性运输的支持力度，继续开好“慢火车”。加快构建农村物流基础设施骨干网络，鼓励商贸、邮政、快递、供销、运输等企业加大在农村地区的设施网络布局。加快完善县乡村三级农村物流体系，改造提升农村物流基础设施，深入推进电子商务进农村和农产品出村进城。加快实施农产品仓储保鲜冷链物流设施建设工程，推进田头小型仓储保鲜冷链设施、产地低温直销配送中心、国家骨干冷链物流基地建设。完善农村生活性服务业支持政策，发展线上线下相结合的服务网点，推动便利化、精细化、品质化发展。

3. 加强农村水利基础设施网络建设 科学有序推进重大水利工程建设，加强灾后水利薄弱环节建设，统筹推进中小型水源工程和抗旱应急能力建设。巩固提升农村饮水安全保障水平，开展大中型灌区续建配套节水改造与现代化建设，有序新建一批节水型、生态型灌区，实施大中型灌排泵站更新改造。推进小型农田水利设施达标提质，实施水系连通和河塘清淤整治等工程建设。深化农村水利工程产权制度与管理体制改革，健全基层水利服务体系，促进工程长期良性运行。

4. 构建农村现代能源体系 实施乡村清洁能源建设工程，优化农村能源供给结构，大力发展太阳能、浅层地热能、生物质能等，因地制宜开发利用水能和风能。完善农村能源基础设施网络，加快新一轮农村电网升级改造，全面巩固提升农村电力保障水平。推动燃气下乡、供气设施向农村延伸，支持建设安全可靠的乡村储气罐站和微管网供气系统。发展农村生物质能源，加快推进生物质热电联产、生物质供热、规模化生物质天然气和规模化大型沼气等燃料清洁化工程。推进农村能源消费升级，大幅提高电能在农村能源消费中的比重，加快实施北方农村地区冬季清洁取暖，加强煤炭清洁化利用，积极稳妥推进散煤替代。推广农村绿色节能建筑和农用节能技术、产品。

5. 夯实乡村信息化基础 完善电信普遍服务补偿机制，深化电信普遍服务，加快农村地区宽带网络和第 4 代移动通信技术（4G）网络等信息通信基础设施覆盖步伐，推动农村千兆光网、第 5 代移动通信技术（5G）网络、移动物联网与城市同步规划建设。加快建设农业农村遥感卫星等天基设施。加快物联网、地理信息、智能设备等现代信息技术与农村生产生活的全面深度融合，深化农业农村大数据创新应用，推广远程教育、远程医疗、金融服务进村等信息服务，建立空间化、智能化的新型农村统计信息系统，建立农业农村大数据统计体系。在乡村信息化基础设施建设过程中，同步规划、同步建设、同步实施网络安全工作。

［**案例 7-1**］

威海市文登区推动优质医疗资源下乡，让村民家门口看病就医

为解决农村居民就近看病等问题，山东省威海市文登区通过多种形式促进优质医疗资源下沉到乡村一线，让农民群众在家门口就能看好病、吃好药。在医疗技术上，文登区加强利用信息技术，通过远程会诊，一是将基层难以诊断的疾病传送到文登区相关医院会诊解决；二是通过组织部分区直医院、镇卫生院与其他大型医院组成多种形式的医疗联合体，将在文登区内相关医院也难以诊治的疾病通过远程会诊传送到大型医院解决，实现医疗技术的下沉；在医疗服务上，文登区为镇卫生院配备专业化巡诊车，建立基层巡诊模式，打造流动诊室，以应对村医减少问题；同时为解决群众取药难问题，联合邮递公司，开展“惠民送药，邮递到家”服务，同时服务过程中只收取药品费，不收取快递费，以解决群众取药难问题；为解决长期卧床和慢创病人治疗及护理的问题，通过区医院联合组建“白求恩居家护理服务队”，联合家庭医生团队，为居家卧床病人进行护理服务。整个过程只收成本费，不收出诊费，对低保、五保病人实行免费治疗。同时，为解决农村老年人的医养难题，在镇卫生院成立居家养老健康服务中心，为辖区有医疗需求的居家老人设立家庭病床，签订服务协议，建立健康档案，制定个性化上门服务与健康指导方案。针对部分农村群众重治轻防的问题，文登区大力推广中医适宜技术、普及中医保健知识，充分发挥中医“治未病”的独特优势，努力让广大群众不得病、少得病、不得大病。

［**点评**］山东省威海市文登区试点依托现代技术手段，推动优质医疗资源下沉，促进城乡医疗体系有效衔接。通过建立基层巡诊制度、送药下乡、推广中医保健知识等，促进部分农村居民的慢性病、常见病的早期诊断、干预和预防，有助于控制和减少患者后期治疗成本和身心痛苦，减轻基层政府未来的医疗财政负担。值得其他地区借鉴。

学习任务二　推进城乡融合发展

顺应城乡融合发展趋势，重塑城乡关系，更好地激发农村内部发展活力、优化农村外部发展环境，推动人才、土地、资本等要素双向流动，是乡村振兴新动能的重要来源。

一、加快农业转移人口市民化

加快推进户籍制度改革，全面实行居住证制度，促进有能力在城镇稳定就业和生活的农业转移人口有序实现市民化。

1. 健全落户制度 鼓励各地进一步放宽落户条件，除极少数超大城市外，允许农业转移人口在就业地落户，优先解决农村学生升学和参军进入城镇的人口、在城镇就业居住5年以上和举家迁徙的农业转移人口以及新生代农民工落户问题。区分超大城市和特大城市主城区、郊区、新区等区域，分类制定落户政策，重点解决符合条件的普通劳动者落户问题。全面实行居住证制度，确保各地居住证申领门槛不高于国家标准、享受的各项基本公共服务和办事便利不低于国家标准，推进居住证制度覆盖全部未落户城镇常住人口。

2. 保障享有权益 不断扩大城镇基本公共服务覆盖面，保障符合条件的未落户农民工在流入地平等享受城镇基本公共服务。通过多种方式增加学位供给，保障农民工随迁子女以流入地公办学校为主接受义务教育，以普惠性幼儿园为主接受学前教育。完善就业失业登记管理制度，面向农业转移人口全面提供政府补贴职业技能培训。将农业转移人口纳入社区卫生和计划生育服务体系，提供基本医疗卫生服务。把进城落户农民完全纳入城镇社会保障体系，在农村参加的养老保险和医疗保险规范接入城镇社会保障体系，做好基本医疗保险关系转移接续和异地就医结算工作。把进城落户农民完全纳入城镇住房保障体系，对符合条件的采取多种方式满足基本住房需求。

3. 完善激励机制 维护进城落户农民土地承包权、宅基地使用权、集体收益分配权，引导进城落户农民依法自愿有偿转让上述权益。加快户籍变动与农村"三权"脱钩，不得以退出"三权"作为农民进城落户的条件，促使有条件的农业转移人口放心落户城镇。落实支持农业转移人口市民化财政政策，以及城镇建设用地增加规模与吸纳农业转移人口落户数量挂钩政策，健全由政府、企业、个人共同参与的市民化成本分担机制。

二、强化乡村振兴人才支撑

1. 加快培养农业生产经营人才 培养高素质农民队伍，重点面向从事适度规模经营的农民，分层分类开展全产业链培训，加强训后技术指导和跟踪服务。充分利用现有网络教育资源，加强农民在线教育培训。推进家庭农场经营者培养，完善项目支持、生产指导、质量管理、对接市场等服务。加强对农民合作社骨干的培训。鼓励农民工、高校毕业生、退役军人、科技人员、农村实用人才等创办领办家庭农场、农民合作社。鼓励有条件的地方支持农民合作社聘请农业经理人。鼓励家庭农场经营者、农民合作社带头人参加职称评审、技能等级认定。实施农村实用人才培养计划，加强培训基地建设，培养造就一批能够引领一方、带动一片的农村实用人才带头人。

2. 加快培养农村二三产业发展人才 培育农村创业创新带头人，不断改善农村创业创新生态，加快建设农村创业创新孵化实训基地。壮大新一代乡村企业家队伍，完善涉农企业人才激励机制。加强农村电商人才培育，依托全国电子商务公共服务平台，加快建立农村电商人才培养载体及师资、标准、认证体系，开展线上线下相结合的多层次人才培训。培育乡村工匠，挖掘培养乡村手工业者、传统艺人，通过设立名师工作室、大师传习所等，传承发展传统技艺。在传统技艺人才聚集地设立工作站，开展研习培训、示范引导、品牌培育。围绕地方特色劳务群体，建立技能培训体系和评价体系，完善创业扶持、品牌培育政策，通过完善行业标准、建设专家工作室、邀请专家授课、举办技能比赛等途径，普遍提升从业者职业技能，提高劳务输出的组织化、专业化、标准化水平。

3. 加快培养乡村公共服务人才 加强乡村教师队伍建设，落实城乡统一的中小学教职工编制标准，加大乡村骨干教师培养力度，精准培养本土化优秀教师，健全乡村教师发展体系，落实好乡村教师生活补助政策。加强乡村卫生健康人才队伍建设，乡镇卫生院应至少配备1名公共卫生医师，深入实施全科医生特岗计划、农村订单定向医学生免费培养和助理全科医生培训。完善乡村基层卫生健康人才激励机制，落实职称晋升和倾斜政策。深入推进乡村全科执业助理医师资格考试，推动乡村医生向执业（助理）医师转化，引导医学专业高校毕业生免试申请乡村医生执业注册。鼓励免费定向培养一批源于本乡本土的大学生乡村医生，多途径培养培训乡村卫生健康工作队伍，改善乡村卫生服务和治理水平。

加强乡村文化旅游体育人才队伍建设，完善文化和旅游、广播电视、网络视听等专业人才扶持政策，培养一批乡村文艺社团、创作团队、文化志愿者、非遗传承人和乡村旅游示范者，鼓励运动员、教练员、体育专业师生、体育科研人员参与乡村体育指导志愿服务。加强乡村规划建设人才队伍建设，支持熟悉乡村的首席规划师、乡村规划师、建筑师、设计师及团队参与村庄规划设计、特色景观制作、人文风貌引导，提高设计建设水平，塑造乡村特色风貌。实施乡村本土建设人才培育工程，加强乡村建设工匠培训和管理，培育修路工、水利员、改厕专家、农村住房建设辅导员等专业人员。

4. 加快培养乡村治理人才 加强乡镇党政人才队伍建设，选优配强乡镇领导班子特别是乡镇党委书记，健全从乡镇事业人员、优秀村党组织书记、到村任职过的选调生、驻村第一书记、驻村工作队队员中选拔乡镇领导干部常态化机制。推动村党组织带头人队伍整体优化提升，注重从本村致富能手、外出务工经商返乡人员、本乡本土大学毕业生、退役军人中的党员里培养选拔村党组织书记。加强农村社会工作人才队伍建设，加大本土社会工作专业人才培养力度，鼓励村干部、年轻党员等参加社会工作职业资格认证和各类教育培训，通过项目奖补、税收减免等方式引导高校毕业生、退役军人、返乡入乡人员参与社区服务。加强农村经营管理人才队伍建设，采取招录、调剂、聘用等方式，通过安排专兼职人员等途径，充实农村经营管理队伍，确保事有人干、责有人负。加强农村土地承包经营纠纷调解仲裁人才队伍建设，鼓励各地探索建立仲裁员等级评价制度。加强农村法律人才队伍建设，培养通专结合、一专多能执法人才，以村干部、村妇联执委、人民调解员、网格员、村民小组长、退役军人等为重点，加快培育“法律明白人”。培育农村学法用法示范户，提高乡村人民调解员队伍专业化水平。

5. 加快培养农业农村科技人才 培养农业农村高科技领军人才，推进农业农村科研杰出人才培养，加快培育一批高科技领军人才和团队。加强优秀青年后备人才培养，突出服务基层导向。培养农业农村科技创新人才，依托现代农业产业技术体系等平台，发现人才、培育人才、凝聚人才。培养农业农村科技推广人才，推进农技推广体系改革创新，完善公益性和经营性农技推广融合发展机制，深化农技人员职称制度改革，突出业绩水平和实际贡献，向服务基层一线人才倾斜，鼓励地方对“土专家”“田秀才”“乡创客”发放补贴。发展壮大科技特派员队伍，完善优化科技特派员扶持激励政策，推广利益共同体模式，支持科技特派员领办、创办、协办农民合作社、专业技术协会和农业企业。

三、加强乡村振兴用地保障

1. 健全农村土地管理制度 坚持土地农民集体所有制不动摇，坚持家庭承包经营基础性地位不动摇，有序开展第二轮土地承包到期后再延长30年试点，保持农村土地承包关系稳定并长久不变，健全土地经营权流转服务体系。总结农村土地征收、集体经营性建设用地入市、宅基地制度改革试点经验，逐步扩大试点，加快土地管理法修改。探索具体用地项目公共利益认定机制，完善征地补偿标准，建立被征地农民长远生计的多元保障机制。建立健全依法公平取得、节约集约使用、自愿有偿退出的宅基地管理制度。在符合规划和用途管制前提下，赋予农村集体经营性建设用地出让、租赁、入股权能，明确入市范围和途径。建立集体经营性建设用地增值收益分配机制。

2. 完善农村新增用地保障机制 统筹农业农村各项土地利用活动，乡镇土地利用总体规划可以预留一定比例的规划建设用地指标，用于农业农村发展。根据规划确定的用地结构和布局，年度土地利用计划分配中可安排一定比例新增建设用地指标，专项支持农业农村发展。对于农业生产过程中所需各类生产设施和附属设施用地，以及农业规模经营的配套设施，在不占用永久基本农田的前提下，纳入设施农用地管理，实行县级备案。鼓励农业生产与村庄建设用地复合利用，发展农村新产业新业态，拓展土地使用功能。

3. 盘活农村存量建设用地 完善农民闲置宅基地和闲置农房政策，探索宅基地所有权、资格权、使用权“三权”分置，落实宅基地集体所有权，保障宅基地农户资格权和农民房屋财产权，适度放活宅基地和农民房屋使用权，不得违规违法买卖宅基地，严格实行土地用途管制，严格禁止下乡利用农村宅基地建设别墅大院和私人会馆。在符合土地利用总体规划前提下，允许县级政府通过村土地利用规划调整优化村庄用地布局，有效利用农村零星分散的存量建设用地。对利用收储农村闲置建设用地发展农村新产业新业态的，给予新增建设用地指标奖励。

四、加大金融支农力度

1. 健全金融支农组织体系 完善中国农业银行、中国邮政储蓄银行“三农”金融事业部运营体系，明确国家开发银行、中国农业发展银行在乡村振兴中的职责定位，加大对乡村振兴信贷支持。支持中小型银行优化网点渠道建设，下沉服务重心。稳妥规范开展农民合作社内部信用合作试点。保持农村信用合作社等县域农村金融机构法人地位和数量总体稳定。完善村镇银行准入条件。引导农民合作金融健康有序发展。完善涉农金融机构治理结构和内控机制，强化金融监管部门的监管责任。支持市县构建域内共享的涉农信用信息数据库，加快建成比较完善的新型农业经营主体信用体系。鼓励证券、保险、担保、基金、期货、租赁、信托等金融资源聚焦服务乡村振兴。

2. 创新金融支农产品和服务 加快农村金融产品和服务方式创新，持续深入推进农村支付环境建设，全面激活农村金融服务链条。稳妥有序推进农村承包土地经营权、农民住房财产权、集体经营性建设用地使用权抵押贷款试点。探索县级土地储备公司参与农村承包土地经营权和农民住房财产权“两权”抵押试点工作。充分发挥全国信用信息共享平台和金融信用信息基础数据库的作用，探索开发新型信用类金融支农产品和服务。大力开展农户小额信用贷款、保单质押贷款、农机具和大棚设施抵押贷款业务。鼓励开发专属金融产品支持新型农业经营主体和农村新产业新业态，增加首贷、信用贷。加大对农业农村基础设施投融资的中长期信贷支持。加强对农业信贷担保放大倍数的量化考核，提高农业信贷担保规模。将地方优势特色农产品保险以奖代补做法逐步扩大到全国。健全农业再保险制度。发挥“保险＋期货”在服务乡村产业发展中的作用。结合农村集体产权制度改革，探索利用量化农村集体资产股权的融资方式。提高直接融资比重，支持农业企业依托多层次资本市场发展壮大。创新服务模式，引导持牌金融机构通过互联网和移动终端提供普惠金融服务，促进金融科技与农村金融规范发展。

3. 完善金融支农激励政策 通过奖励、补贴、税收优惠等政策工具支持“三农”金融服务。发挥支农支小再贷款、再贴现等货币政策工具的引导作用，将乡村振兴作为信贷政策结构性调整的重要方向。落实县域金融机构涉农贷款增量奖励政策，完善涉农贴息贷款政策，降低农户和新型农业经营主体的融资成本。健全农村金融风险缓释机制，加快完善“三农”融资担保体系。充分发挥好国家融资担保基金的作用，强化担保融资增信功能，引导更多金融资源支持乡村振兴。制定金融机构服务乡村振兴考核评估办法。改进农村金融差异化监管体系，合理确定金融机构发起设立和业务拓展的准入门槛。

五、健全多元投入保障机制

1. 坚持财政优先保障 建立健全实施乡村振兴战略财政投入保障制度，明确和强化各级政府“三农”投入责任，公共财政更大力度向“三农”倾斜，确保财政投入与乡村振兴目标任务相适应，继续把农业农村作为一般公共预算优先保障领域，中央预算内投资进一步向农业农村倾斜。支持地方政府发行一般债券用于支持乡村振兴领域公益性项目，做好高质量项目储备工作，鼓励地方政府试点发行项目融资和收益自平衡的专项债券，支持符合条件、有一定收益的乡村公益性建设项目。加大政府投资对农业绿色生产、可持续发展、农村人居环境、基本公共服务等重点领域和薄弱环节支持力度，充分发挥投资对优化供给结构的关键性作用。各地区各部门进一步推进行业内资金整合与行业间资金统筹相互衔接配合，加快建立涉农资金统筹整合长效机制。强化支农资金监督管理，提高财政支农资金使用效益。

2. 提高土地出让收益用于农业农村比例 坚持“取之于地，主要用之于农”的原则，制定调整完善土地出让收入使用范围、提高农业农村投入比例的政策性意见，所筹集资金用于支持实施乡村振兴战略。制定落实提高土地出让收益用于农业农村比例考核办法，确保按规定提高用于农业农村的比例。改进耕地占补平衡管理办法，建立高标准农田建设等新增耕地指标和城乡建设用地增减挂钩节余指标跨省域调剂机制，将所得收益通过支出预算全部用于巩固脱贫攻坚成果和支持实施乡村振兴战略。

3. 引导和撬动社会资本投向农村 优化乡村营商环境，加大农村基础设施和公用事业领域开放力度，吸引社会资本参与乡村振兴。规范有序盘活农业农村基础设施存量资产，回收资金主要用于补短板项目建设。发挥财政投入引领作用，支持以市场化方式设立乡村振兴基金，撬动金融资本、社会力量参与，重点支持乡村产业发展。继续深化“放管服”改革，鼓励工商资本投入农业农村，为乡村振兴提供综合性解决方案。鼓励利用外资开展现代农业、产业融合、生态修复、人居环境整治和农村基础设施建设等。推广一事一议、以奖代补等方式，鼓励农民对直接受益的乡村基础设施建设投工投劳，让农民更多参与建设管护。

[**案例 7-2**]

湖南省浔龙河村创新乡村建设多元投入机制实践

长沙县果园镇浔龙河村，积极探索新型集体经济实现形式，通过建立“企业、政府、村民”多元投入主体相结合的实践模式，成功闯出了一条脱贫攻坚与全面小康建设的可持续发展之路。从具体上看，浔龙河村对建立多元投入体系的创新实践主要体现在：

第一，坚持农民主体地位，推动乡村资源的资产化。浔龙河村一是开展土地确权工作，确保农民作为资源资产权益的主体地位，为乡村资源的资产化提供坚实的制度基础；二是推进土地资源改革，通过加强规划，优化乡村建设用地布局，实现不同性质土地的功能互补，加快了土地要素的优化配置；三是推动乡村资源的资产化运营，赋予农民更多的财产权益。

第二，突出政府投入和产业发展的协调作用，发挥好财政资金的杠杆作用。一方面，政府资金在基础设施建设、公共服务、社会保障等方面发挥基础性作用；另一方面，按照发展规划，政府财政投入与产业发展的进度相配套，为浔龙河村相关产业发展保驾护航。

第三，打通社会资本下乡渠道，建立多元投入的投资平台。为了更好地吸引社会资本进入，浔龙河村建立了统一而相互衔接的顶层设计，将民生、产业发展、环境保护等多方面规划与区域发展规划相衔接、相融合。通过较为完善的顶层设计，使社会资本投资吃下“定心丸”。同时为了让社会投资有所依托，建立湖南浔龙河村生态城镇发展有限公司作为平台，各类产业项目均依托这一公司展开，为社会资本下乡修桥铺路，降低社会资本的投资成本和风险。

第四，建立多元利益共享机制。浔龙河村通过建立“村企共建”的党建共同体机制，将村民、村集体、工商企业共同纳入浔龙河村发展的利益共同体，建立起了政府、企业、村民“谁投资谁受益”的利益分配与共享机制。各市场主体按照市场规则共享浔龙河村的发展成果，进一步激发了各市场主体投资浔龙河村的热情。

[点评] 浔龙河村的相关实践为建立多元化的投入体制，促进乡村振兴提供了一个新思路与良好示范。通过浔龙河村的案例，在建设多元化投入体制过程中，明晰的乡村资源确认、政府财政资金的保障作用、完善衔接的顶层设计、便利的投资平台、公平的利益分享机制无一不是浔龙河村能够建立起持久的多元化投入体制的重要原因，值得其他地区借鉴。

模块小结

本模块主要介绍了实施乡村振兴战略必要的保障措施，主要包括补齐农村民生短板和推动城乡融合发展两方面。通过分析有关政策内容和具体措施，结合有关实践案例的具体分析，明确了保障乡村振兴战略的主要政策体系。

参 考 文 献

高鸣，迟亮，宋洪远，2018. 发达国家保障农产品质量安全的经验与启示［J］. 农业现代化研究，39（5）：725-733.

贺雪峰，2021. 论后扶贫时代的反贫困战略［J］. 西北师大学报（社会科学版），5（275）：16-23.

胡红霞，包雯娟，2018. 乡村振兴战略中的治理有效［J］. 重庆社会科学（10）：24-32.

孔祥智，卢洋啸，2019. 建设生态宜居美丽乡村的五大模式及对策建议：来自5省20村调研的启示［J］. 经济纵横（1）：19-28.

李长健，2005. 论农民权益的经济法保护：以利益与利益机制为视角［J］. 中国法学（3）：120-134.

梁丹，金书秦，2015. 农业生态补偿：理论、国际经验与中国实践［J］. 南京工业大学学报（社会科学版），14（3）：53-62.

马轶群，孔婷婷，2019. 农业技术进步、劳动力转移与农民收入差距［J］. 华南农业大学学报（社会科学版）（6）：35-44.

农业部农业产业化办公室，农业部农村经济研究中心组，2017. 产业融合与主体联动：农业产业化经营新探索［M］. 北京：中国农业出版社.

宋晓雪，2017. 试论农民权益的经济法保护：以利益与利益机制为视角［J］. 现代经济信息（14）：279，281.

孙慧波，赵霞，2018. 农村人居环境系统优化路径研究：基于结构方程模型的实证分析［J］. 北京航空航天大学学报（社会科学版），31（3）：70-77，97.

万璐，2016. 中国共产党关于“三农”政策的演变与创新［D］. 郑州：郑州大学.

王波，王夏晖，张笑千，2018.“山水林田湖草生命共同体”的内涵、特征与实践路径：以承德市为例［J］. 环境保护，46（7）：60-63.

王晓东，2015. 生态补偿机制：美国经验及启示［J］. 世界农业（1）：48-52.

王雨磊，苏杨，2020. 中国的脱贫奇迹何以造就?：中国扶贫的精准行政模式及其国家治理体制基础［J］. 管理世界，36（4）：217-231.

杨尚炜，2012. 龙头企业依托型专业合作社发展模式研究［D］. 南京：南京农业大学.

张端，2013. 新中国成立以来中国农民的变迁及走向［D］. 北京：中共中央党校.

张紧跟，周勇振，2018. 以治理现代化深化基层政府机构改革［J］. 华南师范大学学报（社会科学版）（6）：93-99，190.
张茗朝，2016. 吉林省农民收入结构问题研究［D］. 长春：吉林农业大学.
张天雅，2018. 农产品质量安全多元共治法律体系构建研究［D］. 武汉：华中农业大学.
赵其国，黄国勤，马艳芹，2016. 中国生态环境状况与生态文明建设［J］. 生态学报，36（19）：6328-6335.
赵霞，2011. 传统乡村文化的秩序危机与价值重建［J］. 中国农村观察（3）：80-86.
赵霞，韩一军，姜楠，2017. 农村三产融合：内涵界定、现实意义及驱动因素分析［J］. 农业经济问题（4）：51-59，113.
祖晨阳，2018. 公共文化服务体系的提升之道［J］. 人民论坛（9）：138-139.

图书在版编目（CIP）数据

乡村振兴政策与实践/中央农业广播电视学校组编
.—北京：中国农业出版社，2021.8（2023.7 重印）
农业农村部农民教育培训规划教材
ISBN 978-7-109-28404-3

Ⅰ.①乡…　Ⅱ.①中…　Ⅲ.①农村经济政策－中国－技术培训－教材　Ⅳ.①F320

中国版本图书馆 CIP 数据核字（2021）第 119533 号

中国农业出版社出版
地址：北京市朝阳区麦子店街 18 号楼
邮编：100125
责任编辑：高　原　　文字编辑：戈晓伟
版式设计：杜　然　　责任校对：吴丽婷
印刷：中农印务有限公司
版次：2021 年 8 月第 1 版
印次：2023 年 7 月北京第 5 次印刷
发行：新华书店北京发行所
开本：720mm×960mm　1/16
印张：7
字数：120 千字
定价：18.50 元
